새 이화 한국어

새 이화 한국어 3-2

지은이 이화여자대학교 언어교육원(김현진·배재원·이민경·윤여옥·전우주·최형연·주현하)
감수 이은주·김영규·박선희

펴낸날 1판 1쇄 2024년 9월 5일
2쇄 2025년 8월 12일

펴낸이 주소현 **펴낸곳** 이화여자대학교출판문화원
주소 서울특별시 서대문구 이화여대길 52 **등록** 1954년 7월 6일 제9-61호
전화 02-3277-2965(편집), 02-362-6076(마케팅) **팩스** 02-312-4312
전자우편 press@ewha.ac.kr **홈페이지** www.ewhapress.com

책임편집 이혜지 **디자인** 프로스트아이디어
일러스트 정윤서 **사진촬영** 강지민 **사진편집** 김재인
촬영지원 언어교육원 행정실 **녹음** 오렌지 커뮤니케이션즈 **성우** 권도일, 이아름

ISBN 979-11-5890-532-3 14710
979-11-5890-490-6 (세트)

* 사진 촬영에 협조해 주신 Emile Pison Diepvens, Doan Dang Pham, Brandon Seyler Lee, Pattranit Weerachaiwichit, Daria Semenetc, Sabrina Adeola Odofin, 양혜윤, 신희연, 권민경 님에게 감사를 드립니다.

* 잘못된 책은 구입처에서 바꾸어 드립니다.

새 이화 한국어

이화여자대학교 언어교육원 지음

김현진 • 배재원 • 이민경
윤여옥 • 전우주 • 최형연 • 주현하

3-2

이화여자대학교출판문화원

머리말

이화여자대학교 언어교육원은 『이화 한국어』를 발간한 지 12년 만에 새로운 의사소통 중심 교재 『새 이화 한국어』를 발간하게 되었습니다. 지난 10여 년 동안 『이화 한국어』는 세계 각국에서 사용되어 왔으며 현재까지도 외국인들에게 좋은 학습의 길잡이가 되고 있습니다. 그러나 교수·학습 환경이 나날이 변화하고 한국어 학습자의 요구가 다양해짐에 따라 이에 부응할 새로운 교재의 필요성이 대두되었습니다. 이화여자대학교 언어교육원은 오랜 한국어 교육 경험과 연구를 바탕으로 『이화 한국어』를 전면적으로 혁신할 새로운 교재 개발에 착수하였고, 약 3년의 작업 끝에 마침내 『새 이화 한국어』를 세상에 내놓게 되었습니다.

『새 이화 한국어 3』은 듣기, 말하기, 읽기, 쓰기의 통합 교재로 다음의 특징이 있습니다. 먼저 한 단원을 세 개의 소단원으로 구성하여 하나의 주제에 대하여 다양한 기능을 충분히 연습할 수 있도록 설계하였습니다. 또한 문법의 비중을 낮추고 재미있으면서도 실제적인 의사소통 과제의 비중을 높임으로써 수업 내용이 실생활로 전이될 수 있도록 하였습니다.

특히 이 교재는 네 가지 언어 기능의 균형 있는 발전을 유도하면서도 말하기 능력을 강화하도록 고안된 것이 특징입니다. 이를 위해 대화, 역할극, 그룹 활동 등 방식과 참여 인원을 다양화하여 말하기 과제를 제시하였습니다. 이러한 과제를 통해 학습자들이 다양한 상황에서 주도적으로 말하기를 이끌어가는 능력을 기를 수 있을 것으로 기대됩니다. 어휘, 문법은 언어 지식을 쌓는 것에 그치지 않도록 듣기, 말하기, 읽기, 쓰기와 연계를 활용한 유의미한 연습을 제시하였습니다. 그리고 듣기와 쓰기, 읽기와 말하기, 읽기와 쓰기 등 여러 기능을 연계하고 통합한 과제를 제시함으로써 구어와 문어 학습이 긴밀하게 연계될 수 있도록 구성하였습니다.

이 교재가 발간되기까지 정말 많은 분들의 땀과 노고가 있었습니다. 이화여자대학교 언어교육원을 대표하여, 좋은 교재를 개발하기 위해 밤낮으로 고민하고 집필에 매진하신 저자 분들께 깊은 감사를 드립니다. 또한 교재가 발간되기까지 여러 가지 행정적 지원을 아끼지 않고 수고해 주신 언어교육원 행정실에도 진심으로 감사를 드립니다. 그리고 감수를 맡아 교재 구성과 내용에 많은 조언을 해 주신 이은주, 김영규 교수님께도 감사의 말씀을 드립니다. 마지막으로 이 교재가 이렇게 멋진 모습으로 발간될 수 있도록 편집과 출판을 맡아 주신 이화여자대학교출판문화원에도 깊은 감사의 마음을 전합니다.

이 교재가 국내외에서 널리 활용되어 한국어를 쉽고 재미있고 효과적으로 교수·학습하는 데에 크게 기여하기를 바랍니다. 아울러 앞으로 나아가야 할 한국어 교육의 방향을 선도하는 역할도 하게 되기를 기대합니다.

2024년 9월
이화여자대학교 언어교육원
원장 박선희

교재 구성표

단원	단원명	소단원 1				소단원 2		
		제목	어휘와 표현	문법	듣기	제목	문법	듣고 쓰기
7	운동 경기와 공연	친구가 야구 경기를 보러 가자고 해요	기대와 결과	A/V-냐고 하다 V-자고 하다 더 A/V-냬요 더 V-재요	운동 경기 관람에 대한 대화 듣기	우승을 하다니 꿈만 같아요	A/V-다니	운동 경기 결과에 대한 대화 듣고 쓰기
8	실수와 사과	친구 옷을 입고 나갔다가 옷에 주스를 쏟았어요	실수	V-았/었다가 V-느라(고)	친구에게 한 실수에 대해 조언 구하는 대화 듣기 더 V-지그래요	얼굴이 빨개지고 말았어요	V-고 말다	실수에 대한 대화 듣고 쓰기
9	특별한 날	졸업식에 사람들이 많이 와 있었어요	특별한 날	A/V-(ㄴ/는)다거 나 V-아/어 있다	청혼 받은 날에 대한 사연 듣기	한국에 처음 와서 긴장한 모양이에요	A/V-(으)ㄴ/는/ (으)ㄹ 모양이다	강아지가 처음 온 날에 대한 대화 듣고 쓰기
10	음식과 생활	싱겁거든 소금을 좀 넣으세요	요리 방법	V-(으)ㄹ 줄 알다 (방법) A/V-거든	요리 방송 듣기	떡볶이는 매워도 맛있어요	A/V-아/어도	시장의 유명한 음식에 대한 대화 듣고 쓰기
11	문제 해결	교실에 카드를 떨어뜨렸나 봐요	분실	A-(으)ㄴ가 보다, V-나 보다 V-아/어 놓다	분실한 물건에 대한 대화 듣기	사용 안 하는 기능을 꺼야 배터리를 오래 써요	A/V-아/어야	휴대 전화 문제에 대한 대화 듣고 쓰기
12	나의 진로	귀국하려다가 한국에 남기로 했어요	진로 결정	V-아/어야겠- V-(으)려다가	진로 걱정하는 친구에게 조언 하는 대화 듣기	노력하는 만큼 좋은 결과가 있을 거예요	A/V-(으)ㄴ/는/ (으)ㄹ 만큼	자신에게 영향을 준 사람에 대한 대화 듣고 쓰기

	소단원 3				
읽고 말하기	제목	어휘와 표현	문법	말하기(기능)	읽고 쓰기(전략)
인기를 끌고 있는 운동에 대해 읽고 말하기	배우들이 연기를 정말 잘하던데요	공연 관련	A/V-던데요	공연 정보 듣고 약속 정하기 • 공연에 간다고 강조해서 말하기 • 배우 연기에 대한 만족감 말하기	공연 감상의 글 읽고 쓰기 • 단락별 소제목 생각하며 읽기
문화 차이로 인한 실수에 대해 읽고 말하기	확인했으면 실수하지 않았을 텐데 죄송해요	사과와 오해	A/V-(으)ㄹ 텐데	실수한 일에 대해 사과하고 사과받기 • 실수한 일에 대해 후회하기 • 사과하고 사과받기 더 -되다	오해에 대한 경험담 읽고 쓰기 • 대용어의 의미 파악하며 읽기
특별한 날에 대해 읽고 말하기	택시가 오토바이와 부딪혔어요	사건과 사고	피동사	사고에 대해 말하기 • 사고에 대해 설명 요청하기 • 사고 장면 자세히 설명하기 더 V-아/어지다	장소 묘사의 글 읽고 쓰기 • 장소를 묘사한 내용 찾으며 읽기
특별할 때 생각나는 음식에 대해 읽고 말하기 더 아무 N(이)나, 아무 N도	그 음식을 안 좋아하는 사람도 있기는 해요	맛과 먹는 방법	A/V-기는 하다	식당에서 음식 주문하기 • 음식의 차이점 말하기 • 음식의 맛에 대한 취향 말하기	먹는 방법이 다른 각 나라의 음식 재료에 대한 소개의 글 읽고 쓰기 • 사실과 의견 구분하기
기능이 개선된 제품에 대해 읽고 말하기	먼지가 쌓이면 또 고장 날 테니까 자주 청소하세요	고장과 수리	A/V-(으)ㄹ 테니까 (추측) 더 V-(으)ㄹ 테니까 (의지)	고장 난 전자 제품 수리 방법에 대해 설명하기 • 에어컨의 고장 상태 설명하기 • 고장 가능성을 추측해 조언하기	도움을 준 사람 칭찬하는 글 읽고 쓰기 • 불확실하게 이해한 내용을 파악하며 다시 읽기
닮고 싶은 사람에 대해 읽고 말하기	부모님 가게를 제가 맡아서 운영해 가려고요	미래에 이루고 싶은 꿈	V-아/어 가다	앞으로의 계획 설명하고 격려하기 • 구체적인 계획 말하기 • 격려하기 더 V-아/어 오다	미래 계획에 대한 글 읽고 쓰기 • 어휘 의미 추측하기

더 더 알아보기

교재 구성과 사용법

- 『새 이화 한국어 3』은 총 200시간 분량의 한국어 교재이다.
- 『새 이화 한국어 3』은 ‘국제 통용 한국어 표준 교육과정’ 3급, ‘유럽공통참조기준(CEFR)’ B1에 해당된다.
- 『새 이화 한국어 3』은 두 권으로 나뉘어 있으며 (3-1, 3-2), 『새 이화 한국어 3-1』은 1~6단원, 『새 이화 한국어 3-2』는 7~12단원으로 구성되어 있다.
- 각 단원은 세 개의 소단원으로 구성되어 있으며 세부 내용은 아래와 같다.

<table>
<tr><th colspan="5">단원</th></tr>
<tr><td rowspan="2">도입 듣기</td><th>소단원 1</th><th>소단원 2</th><th>소단원 3</th><td rowspan="2">어휘와 표현 확인</td></tr>
<tr><td>어휘와 표현 1
문법 1, 2
듣기</td><td>문법 3
듣고 쓰기
읽고 말하기</td><td>어휘와 표현 2
문법 4
말하기
읽고 쓰기</td></tr>
</table>

- 말하기 활동에 다양한 아이콘이 사용되는데 그 의미는 다음과 같다.

아이콘	의미
	짝 활동
	3~4명 그룹 활동
	교실 발표

- 듣기 자료는 이화여자대학교출판문화원 홈페이지에서 내려받을 수 있으며 교재의 QR 코드를 통해 바로 접근할 수도 있다.

단원 표지

- 소단원의 제목과 학습 목표입니다.
  각 단원은 3개의 소단원으로 되어 있습니다.

- 시각 자료와 듣기를 활용해 소단원 주제와 관련된
  표현과 내용을 학습합니다.

어휘와 표현

소단원 1, 3

- 주제 관련 표현 6~8개가 시각 자료와 함께 제시되어 있습니다. 표현을 듣거나 읽으면서 그 의미를 파악합니다.

- 학습한 표현의 범주화 활동이나 학습한 표현을 바꿔 말한 듣기를 통해 의미를 확인합니다. 이 활동을 통해 이미 알고 있던 표현을 활용해 새로 학습한 표현을 추론하거나 범주가 같은 표현과 분류하여 학습의 효과를 높입니다.

- 학습한 표현을 사용할 수 있도록 말하기로 연습합니다.

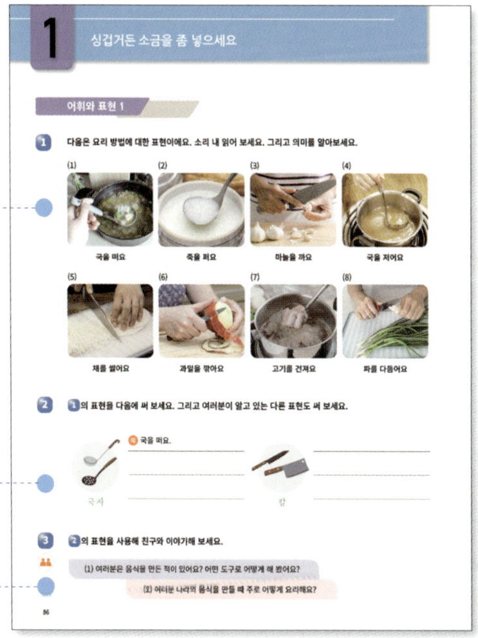

문법

소단원 1, 2, 3

- 학습할 문법이 어떤 의미인지 추측해 보게 하는 도입입니다. 각 단원의 문법의 도입은 듣기 2개, 읽기 2개로 달리 구성되어 있습니다.
- 시각 자료를 통해 맥락을 제시하고 이를 통해 목표 문법의 의미를 학습합니다.
- 문법의 의미와 간단한 결합 정보에 대한 설명입니다. 그리고 추가 예문이 제시되어 있습니다.

문법 1

1 진영은 김치전을 만들 수 있어요? 다음 대화를 듣고 알맞은 것을 골라 보세요.

(1) (2)

2 어떤 일을 하는 방법을 아는지 물어볼 때 어떻게 말해요? 다음 대화를 듣고 따라 해 보세요.

A 올리버 씨, 한자도 읽을 줄 알아요?
B 네. 간단한 건 읽고 쓸 줄 알아요. 호주에서 공부한 적이 있어요.
A 정말요? 전 하나도 읽을 줄 모르는데 정말 대단해요.

V-을 줄 알다/ㄹ 줄 알다

'-(으)ㄹ 줄 알다'는 동사와 함께 쓰여 어떤 일을 할 능력이 있는지 또는 방법을 아는지 말할 때 사용된다. '-(으)ㄹ 줄 알다'의 부정형은 '-(으)ㄹ 줄 모르다'이다.

예) 저는 현금인출기에서 돈을 찾을 줄 알아요.
진영은 일본에 1년 산 적이 있어서 일본어를 할 줄 알아요.
마테오는 인터넷으로 중고 가구를 사고팔 줄 몰라요.

87

- 목표 문법을 활용한 말하기 연습 활동입니다. 간단한 대화, 정보차 활동, 게임 등으로 구성되어 있습니다.
- 문법을 활용한 유도된 말하기 활동과 자유로운 말하기 활동입니다. (5)~(6)은 학생들이 직접 자유롭게 만들어 보는 활동입니다.

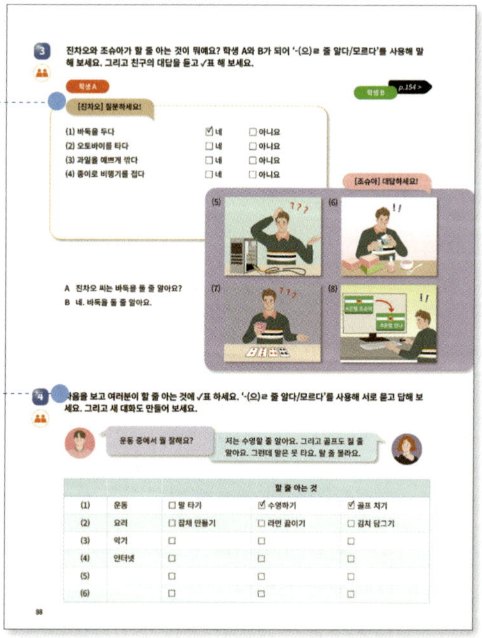

3 진차오와 조슈아가 할 줄 아는 것이 뭐예요? 학생 A와 B가 되어 '-(으)ㄹ 줄 알다/모르다'를 사용해 말해 보세요. 그리고 친구의 대답을 듣고 ✓표 해 보세요.

학생 A 학생 B p.154 >

[진차오] 질문하세요!

(1) 바둑을 두다 ☑ 네 □ 아니요
(2) 오토바이를 타다 □ 네 □ 아니요
(3) 과일을 예쁘게 깎다 □ 네 □ 아니요
(4) 종이로 비행기를 접다 □ 네 □ 아니요

[조슈아] 대답하세요!

(5) (6) (7) (8)

A 진차오 씨는 바둑을 둘 줄 알아요?
B 네. 바둑을 둘 줄 알아요.

4 다음을 보고 여러분이 할 줄 아는 것에 ✓표 하세요. '-(으)ㄹ 줄 알다/모르다'를 사용해 서로 묻고 답해 보세요. 그리고 새 대화도 만들어 보세요.

운동 중에서 뭘 잘해요?
저는 수영할 줄 알아요. 그리고 골프도 칠 줄 알아요. 그런데 말은 못 타요. 탈 줄 몰라요.

		할 줄 아는 것		
(1)	운동	□ 말 타기	☑ 수영하기	☑ 골프 치기
(2)	요리	□ 잡채 만들기	□ 라면 끓이기	□ 김치 담그기
(3)	악기	□	□	□
(4)	인터넷	□	□	□
(5)		□	□	□
(6)		□	□	□

88

듣기

소단원 1

- 듣기 전 단계입니다. 들을 내용과 연관된 시각 자료를 활용해 브레인스토밍한 후 간단하게 이야기합니다.
- 듣기 본 단계입니다. 들은 내용을 확인하는 단계입니다.
- 들은 후 단계입니다. 듣기 내용과 관련된 것을 말합니다.

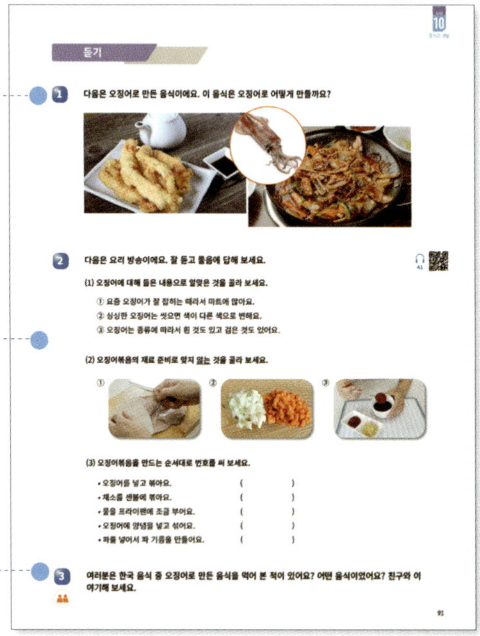

듣고 쓰기

소단원 2

- 듣고 쓰기입니다. 이 과제는 딕토글로스(dictogloss)를 변형한 활동입니다.
- 듣기 전 단계입니다. 들을 내용과 연관된 시각 자료를 활용해 브레인스토밍한 후 간단하게 이야기합니다.
- 듣고 들은 내용 중 중요한 것을 씁니다.
- 다시 듣고 들은 내용을 확인합니다.

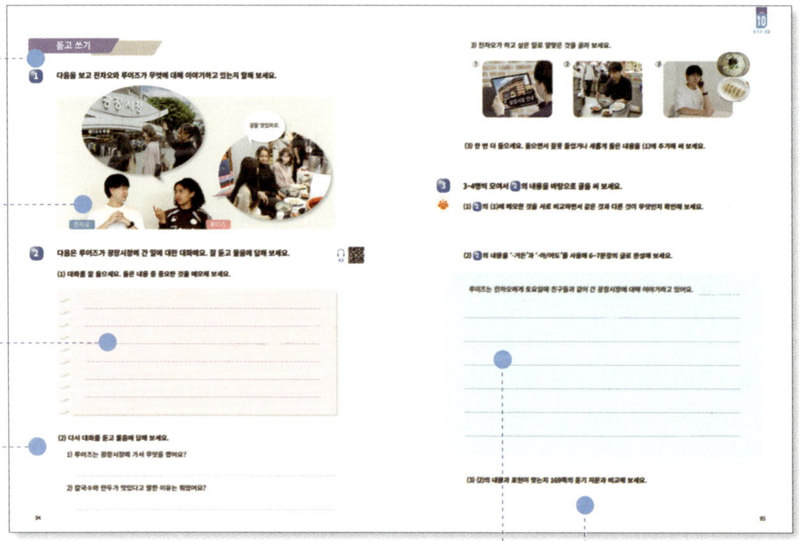

- 소그룹 활동을 통해 들은 내용을 서로 비교하고 그 후에 들은 내용을 간략하게 요약해 씁니다.
- 요약한 글을 부록에 있는 듣기 대본과 비교하면서 내용과 표현에서 어색한 부분이 있는지 확인합니다.

읽고 말하기

소단원 2

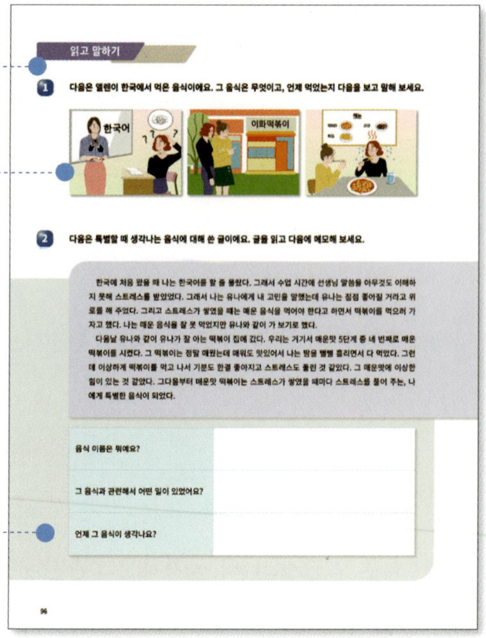

- 읽고 말하기 활동입니다. 2명 또는 3~4명이 같이 하는 소그룹 활동입니다.
- 읽기 전 단계입니다. 읽을 내용에 대해 시각 자료를 활용해 이야기합니다.
- 소그룹 활동을 하기 전에 각자 소그룹 활동에서 할 내용을 연습해 보는 단계입니다. 글을 읽고 읽은 내용을 메모해 봅니다.

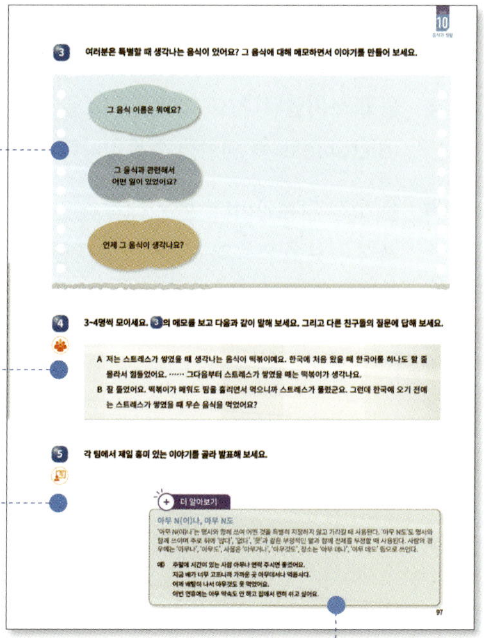

- 소그룹 활동을 위해 제시된 내용 중 하나를 골라서 그와 관련된 자신의 이야기를 만들거나 제시된 내용이 없을 때는 자신이 생각한 내용을 바탕으로 이야기를 만들어 봅니다. 그리고 만든 내용을 아래에 써 봅니다.
- 2명 또는 3~4명이 하는 소그룹 활동으로 각자 3에서 만든 이야기를 친구들에게 합니다. 그리고 이야기를 듣고 궁금한 것을 친구에게 질문합니다.
- 우리 팀에서 가장 재미있는 이야기를 골라 발표합니다.
- 추가로 학습할 문법과 표현이 제시되어 있습니다. 이에 해당되는 예문도 제시되어 있습니다.

- TTT(Task 1-Teach-Task 2) 모형을 변형하여 만든 역할극입니다. **1**은 과제 활동(Task 1), **2**와 **3**은 학습(Teach), **4**와 **5**는 과제 활동(Task 2)입니다.
- 역할극의 상황이 텍스트와 시각 자료로 제시되어 있습니다.
- 과제의 목표 기능 표현에 해당되는 내용을 메모합니다.
- 역할극의 필수 요소인 역할을 제시합니다. 목표 기능 표현을 활용해 대화를 간단하게 만듭니다.

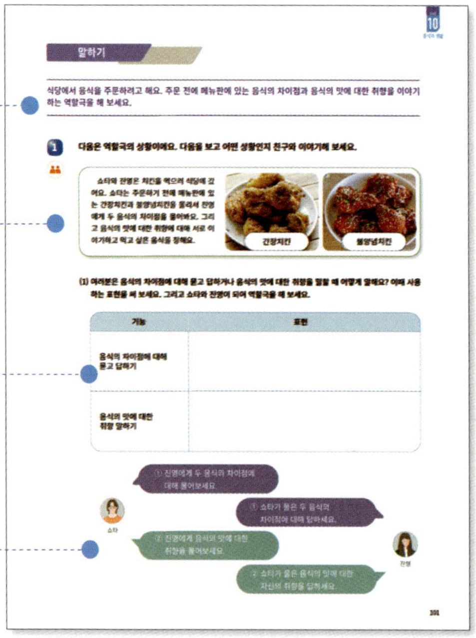

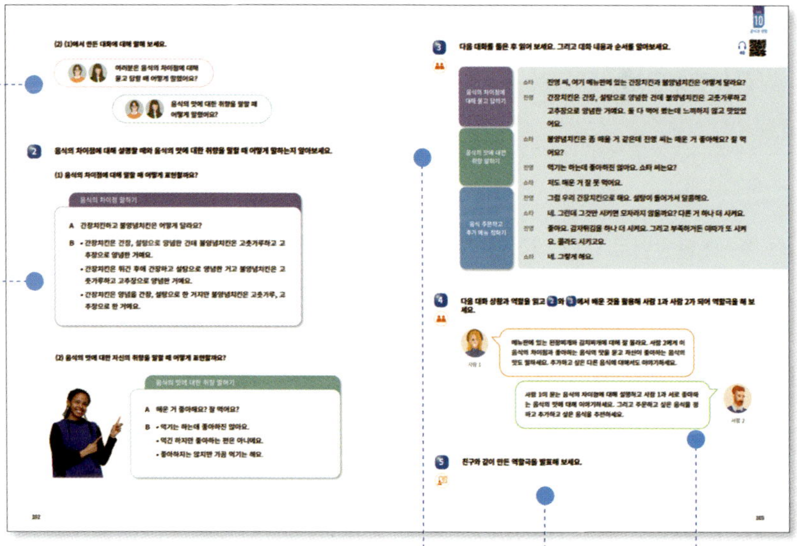

- (1)에서 한 대화를 다시 반추합니다.
- (1)의 부족한 부분을 학습합니다. 다양한 기능 표현을 학습해 유창하게 말하는 연습을 합니다.
- 모범 대화를 보면서 담화 순서와 그 순서에 맞는 대화 내용을 파악합니다.
- **2**에서 학습한 기능 표현, **3**에서 학습한 담화 순서와 그에 맞는 내용을 바탕으로 역할에 맞게 대화를 만듭니다.
- 대화를 만든 후 발표합니다.

읽고 쓰기

소단원 3

- 읽고 쓰기입니다.
- 읽기의 전략을 활용해 읽습니다.
- 텍스트를 다시 읽은 후 전략과 관련된 내용을 씁니다.
- 읽은 내용을 확인합니다.
- 쓰기 전에 쓸 내용을 간단하게 메모합니다. 그리고 글을 써 봅니다.

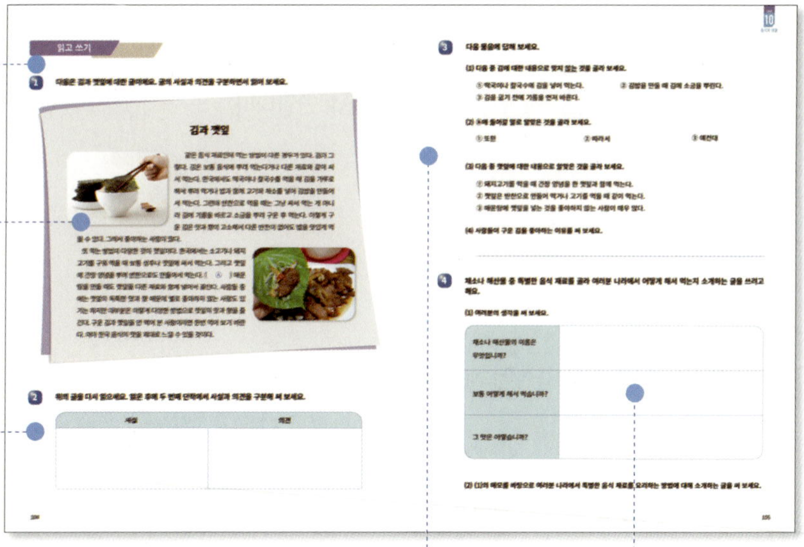
읽고 쓰기

김과 깻잎

어휘와 표현 확인

- 소단원별로 단원 내에서 출현한 순서대로 제시된 신출 어휘 목록입니다. 어휘와 표현을 스스로 점검합니다.

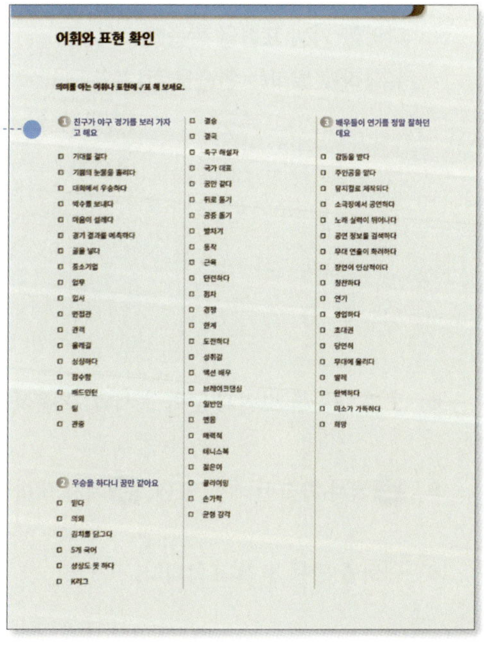
어휘와 표현 확인

차 례

부록

등장인물

김유나
한국인 / 대학생
쇼타
일본인 / ELC 학생
위칭
태국인 / ELC 학생
진차오
중국인 / ELC 학생
조슈아
미국인 / ELC 학생,
영어 강사
다샤
러시아인 / ELC 학생

ELC: Ewha Language Center
이진영
한국인 / 대학생
최상우
한국인 / 대학생
엘렌
영국인 / ELC 학생,
액세서리 디자이너
올리버
호주인 / ELC 학생,
회사원
안나
독일인 / ELC 학생
마테오
멕시코인 / ELC 학생,
요리사
루이즈
프랑스인 / ELC 학생

7 단원 운동 경기와 공연

소단원 1
- 기대와 결과에 대한 어휘와 표현 익히기
- A/V-냐고 하다
V-자고 하다
- 운동 경기 관람에 대한 대화 듣기

소단원 2
- A/V-다니
- 운동 경기 결과에 대한 대화 듣고 쓰기
- 인기를 끌고 있는 운동에 대해 읽고 말하기

소단원 3
- 공연과 관련된 어휘와 표현 익히기
- A/V-던데요
- 공연 정보 듣고 약속 정하기
- 공연 감상의 글 읽고 쓰기

다음 대화를 듣고 A, B, C 중에서 알맞은 사진을 찾아 써 보세요.

1. (   )
2. (   )
3. (   )

1

1 친구가 야구 경기를 보러 가자고 해요

어휘와 표현 1

1 다음은 기대와 결과에 대한 표현이에요. 듣고 따라 해 보세요. 그리고 의미를 알아보세요. 2

(1)

우리는 이강은 선수에게
큰 **기대를 걸고** 있어요.

(2)

1등을 한 선수가
기쁨의 눈물을 흘리고 있어요.

(3)

이번 **대회에서 우승한** 학교는
이화고등학교예요.

(4)

관중들은 최선을 다한 선수들
에게 **박수를 보냈어요.**

(5)

여행을 간다는 생각에 **마음이
설레어서** 잠이 안 오네요.

(6)

전문가가 **경기 결과를 예측했는데**
한국이 3 대 1로 이길 거래요.

2 **1**의 표현을 다음에 써 보세요. 그리고 여러분이 알고 있는 다른 표현도 써 보세요.

운동 경기 전에	운동 경기 후에
예 기대를 걸어요.	

3 **2**의 표현을 사용해 친구와 이야기해 보세요.

(1) 여러분은 경기를 보기 전에 경기에 대해 기대하고 있을 때 어떻게 말해요?

(2) 운동 경기에서 여러분이 응원하는 선수나 팀의 결과가 어땠어요?

문법 1

1 올리버는 지금 누구와 이야기하고 있어요? 다음 대화를 듣고 알맞은 것을 골라 보세요. 3

(1)

(2)

2 다른 사람의 질문 내용을 전달할 때 어떻게 말해요? 다음 (1)과 (2)를 보세요. 그리고 대화를 듣고 따라해 보세요. 4

(1) 한국에 온 지 얼마나 됐습니까?
(2) 회사에서 어떤 일을 해 보고 싶습니까?

(3) 중소기업을 선택한 이유가 무엇입니까?
(4) 회사 업무와 관련된 경험이 있습니까?

(5) 어떤 상황에서 스트레스를 받습니까?
(6) 입사 후 회사와 맞지 않으면 어떻게 하겠습니까?

A 다샤 씨, 면접관이 어떤 질문을 했어요?
B 한국에 온 지 얼마나 됐냐고 했어요.
A 그래요? 또 어떤 질문을 했어요?
B 회사에서 어떤 일을 해 보고 싶냐고 했어요.

A/V-냐고 하다

'-냐고 하다'는 형용사, 동사, '이다'와 함께 쓰여 다른 사람의 질문 내용을 인용하거나 전달할 때 사용된다. 'A-(으)냐고 하다', 'V-느냐고 하다'의 형태로도 쓴다.

예) 친구가 어제 본 영화가 재미있냐고 했어요.
선배가 저에게 어디에서 사냐고 물어봤어요.
언니가 어디에서 가족 모임을 하느냐고 했어요.

3 **2**의 (3)~(6)을 보고 '-냐고 하다'를 사용해 말해 보세요.

4 다음을 보고 '-냬요'를 사용해 서로 묻고 답해 보세요. 그리고 새 대화도 만들어 보세요.

어제 방송에서 기자가 영화감독에게 뭘 물어봤어?

이번에 농구 영화를 만든 특별한 이유가 있냬.

(1) 감독님, 이번에 농구 영화를 만든 특별한 이유가 있습니까?

(2) 감독님, 실제 부산의 한 고등학교 농구팀 이야기라고 들었는데 맞습니까?

(3) 안정민 배우님, 이번 영화를 위해 농구 연습을 얼마나 했습니까?

(4) 이신영 배우님, 이번 영화에 큰 기대를 걸고 있는 관객들에게 어떤 말을 해 주고 싶습니까?

(5)

(6)

더 알아보기

A/V-냬요

'-냬요'는 '-냐고 해요'의 줄임말로 다른 사람의 질문 내용을 인용하거나 전달할 때 사용된다.

예) 친구가 한라산과 설악산 중에서 어느 산이 더 높냬.
루이즈가 저에게 동아리는 언제까지 신청해야 하냬요.
엘렌이 오늘 한국어 수업에서 발표하는 사람이 누구냬요.

문법 2

1 다음을 읽어 보세요. 말하거나 들은 내용을 전달하는 표현을 찾아 모두 밑줄을 그어 보세요. 그리고 그림에 맞는 표현도 찾아보세요.

나는 이번 학기에 쇼타하고 같이 동아리를 하고 싶었다. 그래서 쇼타에게 같이 사진 동아리를 하자고 했다. 그런데 쇼타는 어려운 사람을 돕는 동아리를 하는 게 어떠냐고 하면서 나에게 봉사 활동 동아리를 같이 하자고 했다. 쇼타는 봉사 활동 동아리를 꼭 해 보고 싶다고 했다. 쇼타의 말을 듣고 나도 봉사 활동 동아리에 관심이 생겼다.

2 다른 사람에게서 들은 권유나 제안 내용을 전달할 때 어떻게 말해요? 다음 대화를 듣고 따라 해 보세요. 5

A 위칭 씨, 조슈아가 아까 뭐라고 했어요?

B 오늘 날씨가 좋으니까 점심 먹고 같이 공원을 걷자고 했어요.

A 진차오 씨, 주말에 뭐 할 거예요?

B 루이즈가 같이 영화 보자고 해서 영화 보려고요.

V-자고 하다

'-자고 하다'는 동사에 붙어 말하는 사람이 하거나 다른 사람에게서 들은 권유나 제안 내용을 전달할 때 사용된다. 부정형은 '-지 말자고 하다'로 쓴다.

예) 급한 일이 생겨서 친구에게 다음에 만나자고 했어요.
언니가 주말에 고향 음식을 만들자고 해서 장을 보러 가려고요.
다샤가 교실에서는 음식을 먹지 말자고 했어요.

3 학생 A와 B가 되어 '-자고 하다'를 사용해 말해 보세요. 그리고 친구의 말을 듣고 ○ 또는 ×표 해 보세요.

학생 A

학생 B p.152>

(1)

• 여행지	제주도	
• 일정	3박 4일	
• 할 일	해수욕을 하다	○
	올레길을 걷다	○
	한라산에 올라가다	×
	싱싱한 해산물을 먹다	○
	바다에서 잠수함을 타다	×

(2)

• 여행지	전주	
• 일정	1박 2일	
• 할 일	한복을 입다	○
	한옥에서 묵다	○
	전통 춤을 배우다	×
	전주비빔밥을 먹다	×
	한옥 마을을 구경하다	○

(3)

• 여행지	설악산	
• 일정	2박 3일	
• 할 일	설악산에서 캠핑하다	
	음식을 만들어서 먹다	
	새벽에 해돋이를 보다	
	멋진 사진을 많이 찍다	
	차를 타고 바닷가에 가다	

A 엘렌이 이번 방학에 같이 제주도에 가자고 해서 3박 4일 동안 가려고 해. 엘렌이 제주도에서 해수욕을 하자고 했어. 그리고 올레길도 걷자고 했어. 그런데 한라산에는 올라가지 말자고 했어. 싱싱한 해산물은 먹자고 했어. 그런데 바다에서 잠수함은 타지 말자고 했어.

B 그래? 재미있겠다. 여행 잘 다녀와.

4 다음을 보고 '-재요'를 사용해 서로 묻고 답해 보세요. 그리고 새 대화도 만들어 보세요.

이번 우리 반 모임에서 친구들은 뭘 하재?

루이즈는 밥 먹고 노래방에 가재.

루이즈: (1) 밥 먹고 노래방에 가요.

다샤: (2) 같이 놀이공원에 가서 놀이기구를 타고 놀아요.

엘렌: (3) 날씨가 좋으면 우리 모두 한강 공원에서 배드민턴을 쳐요.

쇼타: (4) 맛집에 가서 맛있는 음식을 먹어요. 하지만 술은 마시지 말아요.

(5)

(6)

+ 더 알아보기

V-재요

'-재요'는 '-자고 해요'의 줄임말로 가까운 사람에게 권유, 제안 내용을 전달할 때 사용된다. 부정형은 '-지 말재요'로 쓴다.

예) 다샤가 주말에 공원을 산책하재. 너도 같이 갈래?
엘렌이 수료식 때 우리 반 모두 같이 사진 찍재요.
언니가 오늘은 날씨가 추우니까 밖에 나가지 말재.

듣기

1 다음은 야구 경기장이에요. 여러분은 여기에 가 본 적이 있어요? 사람들은 지금 무엇을 하고 있어요?

2 다음은 쇼타와 마테오의 대화예요. 잘 듣고 물음에 답해 보세요.

6

(1) 대화 상황으로 가장 알맞은 것을 골라 보세요.

①

②

③

(2) 마테오에 대해 들은 내용으로 알맞은 것을 골라 보세요

① 응원하는 팀이 특별히 없어요.
② 노래도 잘 부르고 춤도 잘 춰요.
③ 야구 경기를 봤을 때 설렜어요.

(3) 두 사람이 다음 주 토요일에 무엇을 할지 알맞은 것을 골라 보세요.

① 공원에서 친구들과 야구 경기를 할 거예요.
② 잠실야구장에서 야구 경기를 관람할 거예요.
③ 집에서 텔레비전으로 야구 경기를 볼 거예요.

3 여러분은 경기장에서 직접 본 운동 경기가 있어요? 어떤 운동 경기를 경기장에서 직접 보고 싶어요? 친구와 이야기해 보세요.

2 우승을 하다니 꿈만 같아요

문법 3

1 다음 대화를 듣고 질문에 알맞은 답을 골라 보세요 7

(1) 상우는 왜 믿을 수 없어요?

① 5월에 눈이 와서요.
② 부산에 눈이 와서요.

(2) 진영은 왜 상우에게 놀랐어요?

① 너무 바빠서요.
② 두 시간이나 기다려서요.

2 어떤 사실에 대해 놀라거나 믿을 수 없음을 말할 때 어떻게 말해요? 다음 대화를 듣고 따라 해 보세요. 8

A 너무 재미있어서 이 책을 열 번쯤 읽었어요.
B 정말요? 이렇게 두꺼운 책을 열 번이나 읽다니.

A 안나가 요즘 태권도를 배운대.
B 그래? 안나는 운동하는 걸 정말 싫어하는데 태권도를 배우다니 의외다.

A/V-다니

'-다니'는 형용사, 동사와 함께 쓰여 어떤 사실에 대해 놀라거나 믿을 수 없음을 나타낼 때 사용된다. '이다'는 '-(이)라니'로, '아니다'는 '아니라니'로 쓴다.

예) 봄인데 날씨가 이렇게 춥다니.
지난달에 만났는데 다음 달에 결혼하다니 놀랍네요.
학교에서 매일 그 사람을 봤는데 학생이 아니라니 믿을 수 없어요.

3 다음을 보고 '-다니'를 사용해 말해 보세요.

(1)

매일 6시에 일어나다

(2)

김치를 담그는 게 쉽다

(3)

5개 국어를 말할 수 있다

(4)

어제 혼자서 불고기
5인분을 먹었다

(5)

대학생 때 아르바이트해서
모은 돈이 1,000만 원이다

(6)

지금 3급에서 공부하고 있는데
한국어능력시험 4급을 땄다

A 저는 매일 6시에 일어나요.

B 정말요? 매일 6시에 일어나다니 대단하네요.

4 다음을 보고 '-다니'를 사용해 서로 이야기해 보세요. 그리고 새 대화도 만들어 보세요.

건강하던 민수가 병에 걸렸대요.

네? 그렇게 건강하던 민수가
병에 걸리다니 믿을 수 없어요.

	놀라거나 믿을 수 없는 사실	감정이나 생각
(1)	건강하던 민수가 병에 걸렸다고 하다	믿을 수 없다
(2)	내일 아침 서울의 온도가 영하 20도라고 하다	말도 안 되다
(3)		정말 의외다
(4)		상상도 못 했다
(5)		
(6)		

듣고 쓰기

1 다음을 보고 루이즈와 마테오가 무엇에 대해 이야기하고 있는지 말해 보세요.

2 다음은 어제 본 축구 경기에 대한 대화예요. 잘 듣고 물음에 답해 보세요.

9

(1) 대화를 잘 들으세요. 들은 내용 중 중요한 것을 메모해 보세요.

(2) 다시 대화를 듣고 물음에 답해 보세요.

1) 경기 결과로 맞는 것을 골라 보세요.

①

②

③
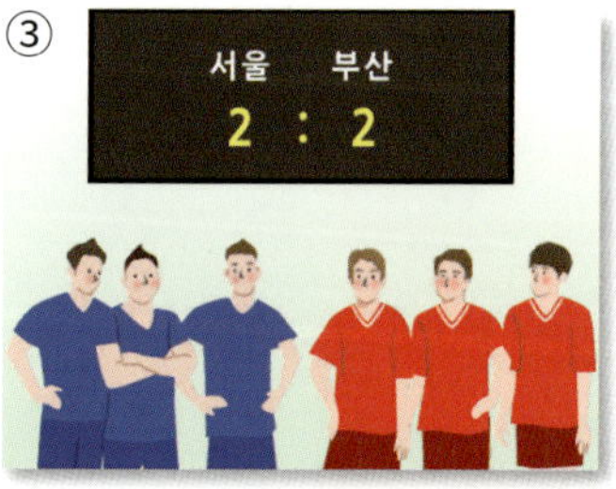

2) 축구 해설자는 처음에 어떻게 예상했어요?

3) 경기 직후 인터뷰에서 우승팀 감독과 선수들은 어떤 말을 했어요?

(3) 한 번 더 들으세요. 들으면서 잘못 들었거나 새롭게 들은 내용을 (1)에 추가해 써 보세요.

3 3~4명씩 모여서 2의 내용을 바탕으로 글을 써 보세요.

(1) 2의 (1)을 서로 비교하면서 같은 것과 다른 것이 무엇인지 확인해 보세요.

(2) 2의 내용을 '-냐고 하다'와 '-다니'를 사용해 6~7문장의 글로 완성해 보세요.

루이즈는 어제 K리그 결승 경기를 봤어요.

(3) (2)의 내용과 표현이 맞는지 158쪽의 듣기 지문과 비교해 보세요.

읽고 말하기

1 다음은 요즘 인기를 끌고 있는 '마샬 아츠(martial arts)'라는 운동이에요. 어떤 운동인지 다음을 보고 말해 보세요.

뒤로 돌기

공중 돌기

발차기

2 다음은 요즘 인기를 끌고 있는 운동에 대해 스포츠 잡지에 쓴 글이에요. 글을 읽고 다음에 메모해 보세요.

'마샬 아츠(martial arts)'는 뒤로 돌기, 공중 돌기, 발차기 등 다양한 동작으로 구성된 운동이다. 마샬 아츠는 기초 체력을 기르고 근육을 단련해서 몸으로 다양한 동작을 할 수 있게 하는 운동이다. 이 운동은 쉬운 동작부터 시작해서 점차 어려운 동작을 배우기 때문에 체력이 강해진다. 또한 다른 사람과의 경쟁이 아닌 자신의 한계에 도전하는 운동이라서 어려운 동작에 성공하게 되면 자신감도 생기고 성취감도 느낄 수 있다.

마샬 아츠는 그동안 액션 배우나 브레이크댄싱을 하는 사람들이 주로 했다. 그런데 요즘은 일반인들도 즐기는 운동으로 인기를 끌고 있다. 그 이유는 이 운동이 체력을 기르고 근육을 단련해서 액션 배우처럼 맨몸으로 다양한 동작을 할 수 있기 때문이다. 이 운동을 하면 액션 배우처럼 공중에서 뒤로 돌고 날 수 있다니 정말 놀랍다.

마샬 아츠(martial arts)

어떤 운동이에요?	
어떤 효과가 있어요?	
요즘 왜 인기를 끌고 있어요?	

3 다음은 요즘 인기를 끌고 있는 운동이에요. 다음 중 하나를 골라 메모하면서 이야기를 만들어 보세요.

푸른 바다와 파도를 즐기는 서핑!

신체적·정신적 건강 모두 챙겨

테니스, 인기가 뜨겁다!

매력적인 테니스복 입고 '팡' 소리에 스트레스 푸는 젊은이들

겨울에 더 빛나는 실내 클라이밍!

배, 허리, 팔, 다리, 손가락 근육까지 온몸의 근육 강화

복싱, 자신을 지키는 방법을 배운다!

강한 체력을 기르고 균형 감각을 키워

어떤 운동이에요?	
어떤 효과가 있어요?	
요즘 왜 인기를 끌고 있어요?	

4 3~4명씩 모이세요. **3**의 메모를 보고 다음과 같이 말해 보세요. 그리고 다른 친구들의 질문에 답해 보세요.

A 요즘 인기를 끌고 있는 운동 중의 하나는 '마샬 아츠'예요. 마샬 아츠는 뒤로 돌기, 공중 돌기, 발차기 등 다양한 동작으로 구성된 운동이에요. …… 그래서 요즘 마샬 아츠를 즐기는 사람들이 많아요.

B 잘 들었어요. 액션 배우처럼 공중에서 뒤로 돌고 날 수 있다니 정말 놀랍네요. 그런데 쉬운 동작부터 시작해서 공중 돌기까지 배우려면 시간이 얼마나 걸릴까요?

5 각 팀에서 제일 흥미 있는 이야기를 골라 발표해 보세요.

3 배우들이 연기를 정말 잘하던데요

어휘와 표현 2

1 다음은 공연과 관련된 표현이에요. 소리 내 읽어 보세요. 그리고 의미를 알아보세요.

(1)

감동을 받았어요

(2)

주인공을 맡았어요

(3)

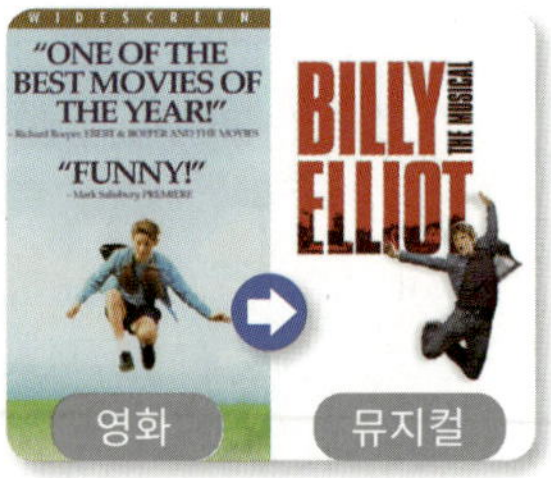

뮤지컬로 제작됐어요

(4)

소극장에서 공연해요

(5)

노래 실력이 뛰어나요

(6)

공연 정보를 검색해요

(7)

무대 연출이 화려해요

(8)

장면이 인상적이었어요

2 다음 대화를 듣고 **1**의 표현을 사용해 문장을 완성해 보세요. 10

(1) 안나는 배우들이 모두 나와서 같이 춤추는 ____________________ .

(2) 엘렌은 이야기한 후에 인터넷으로 ____________________ .

(3) 영화 <그날들>이 ____________________ 내년 5월쯤 공연될 거래요.

(4) 루이즈는 연극을 보고 ____________________ 눈물이 났어요.

(5) 이 가수는 관객들의 반응을 가깝게 느끼려고 ____________________ .

3 **1**의 표현을 사용해 친구와 이야기해 보세요.

(1) 여러분이 관람한 공연 중 인상적인 공연은 뭐였어요? 그 공연은 어땠어요?

(2) 여러분 나라의 유명한 공연에는 뭐가 있어요? 왜 그 공연이 인기가 많아요?

문법 4

1 다음을 읽고 색칠한 부분이 어떤 의미일지 추측해 보세요.

> 이번 주말에 친구랑 뮤지컬을 보러 가기로 해서 우리가 보기로 한 뮤지컬 관람 후기를 인터넷에서 찾아봤다. 관람한 사람들은 "지난주에 봤는데 배우들의 노래 실력이 뛰어났어요.", "배우들이 연기를 정말 **잘하던데요.**"라고 하면서 모두 칭찬하고 있었다. 나는 관람한 사람들이 쓴 후기를 보고 공연을 더욱 기대하게 됐다.

2 친구의 질문에 직접 보거나 느낀 것을 말할 때 어떻게 말해요? 다음 대화를 듣고 따라 해 보세요. 11

A 그 식당은 항상 사람이 많은 것 같아요.
B 그래요? 좀 일찍 가니까 한가하던데요.
A 정말요? 그럼 오늘은 점심시간 전에 가 볼게요.

A 여기 있던 커피 못 봤어?
B 그거 네 커피였어? 아까 루이즈가 가져가던데.

A/V-던데요

'-던데요'는 형용사나 동사, '이다'와 함께 쓰여 말하는 사람이 과거에 직접 경험하여 알게 된 사실을 말하면서 듣는 사람의 반응을 기대할 때 사용된다.

예) A 어제 콘서트 어땠어?
B 노래도 좋고 가수도 멋있던데.

A 혹시 엘렌 못 봤어요?
B 조금 전에 봤는데 도서관에서 공부하던데요.

A 오늘 백화점이 영업할까?
B 글쎄, 월요일은 보통 휴일이던데.

3 다음 질문에 알맞은 사진은 무엇이에요? '-던데요'를 사용해 말해 보세요.

(1) 어제 새로 시작한 드라마 봤어요?

(2) 기숙사 옆에 있는 학생 식당은 작아요?

(3) 피아노 연주회 표가 아직 있을까요?

(4) 올리버가 수업 시간에 열심히 공부해요?

(5) 내일 등산하기로 했는데 날씨가 좋을까요?

(6) 진차오에게 물어볼 게 있는데 진차오를 봤어요?

A 어제 새로 시작한 드라마를 봤어요?

B 네. 드라마가 정말 재미있던데요.

4 다음을 보고 '-던데요'를 사용해 서로 이야기해 보세요. 그리고 새 대화도 만들어 보세요.

화장품을 다 써서 사러 가려고요.

그래요? 학교 앞 화장품 가게에서 할인 행사를 하던데요.

	상황	직접 경험한 사실
(1)	화장품을 다 써서 사러 가려고 하다	학교 앞 화장품 가게에서 할인 행사를 하다
(2)	루이즈 생일 선물로 구두를 사려고 하다	루이즈는 구두를 잘 안 신다
(3)	지난주에 시작한 코미디 영화를 보려고 하다	
(4)	여름 방학에 제주도에 여행 가려고 하다	
(5)		
(6)		

말하기

주말에 친구가 공연을 관람하자고 제안해요. 공연에 간다고 약속하고 공연에 나오는 배우의 연기에 대해 말하는 역할극을 해 보세요.

1 다음은 역할극의 상황이에요. 다음을 보고 어떤 상황인지 친구와 이야기해 보세요.

진영은 이번 주 토요일에 하는 연극 초대권이 있어서 다샤에게 같이 연극을 보러 가자고 제안해요. 연극을 좋아하는 다샤는 진영의 제안을 듣고 꼭 가겠다고 강조해서 말해요. 그리고 진영에게 관람할 연극에 대해 물어봐요. 진영은 다샤에게 관람할 연극에 대한 정보, 배우 연기에 대한 만족감을 말하고 다샤와 약속 시간을 정해요.

(1) 여러분은 친구가 같이 보자고 제안하는 공연에 간다고 강조해서 말하거나 배우 연기 대한 만족감을 말할 때 어떻게 말해요? 이때 사용하는 표현을 써 보세요. 그리고 진영과 다샤가 되어 역할극을 해 보세요.

기능	표현
공연에 간다고 강조해서 말하기	
배우 연기에 대한 만족감 말하기	

① 다샤에게 연극을 같이 보자고 제안하세요.

① 진영의 제안에 간다고 강조해서 답하고 진영에게 연극에 대한 정보를 물어보세요.

② 다샤에게 관람할 연극 정보, 배우 연기에 대한 만족감을 말하세요.

② 관람할 연극 정보, 배우 연기에 대한 만족감을 듣고 기대감을 말하세요.

(2) (1)에서 만든 대화에 대해 말해 보세요.

친구의 공연 관람 제안을 듣고 공연에 간다고 강조해서 말할 때 어떻게 말했어요?

배우 연기에 대한 만족감을 말할 때 어떻게 말했어요?

2 공연에 간다고 강조해서 말할 때와 배우 연기에 대한 만족감을 표현할 때 어떻게 말하는지 알아보세요.

(1) 공연에 간다고 강조해서 말할 때 어떻게 표현할까요?

공연에 간다고 강조해서 말하기

A 연극 초대권이 있는데 같이 갈래요?

B
- 연극 공연인데 당연히 가야지요.
- 연극 공연인데 제가 빠질 수 없지요.
- 연극 공연인데 내가 안 갈 수 없지요.

(2) 배우 연기에 대한 만족감을 말할 때 어떻게 표현할까요?

배우 연기에 대한 만족감 말하기

A
- 배우의 연기가 최고던데요.
- 배우의 연기가 뛰어나던데요.
- 배우가 연기를 정말 잘하던데요.

B 그래요? 정말 기대가 되네요.

3 다음 대화를 들은 후 읽어 보세요. 그리고 대화 내용과 순서를 알아보세요.

12

순서	대화
연극 공연 좋아하는지 묻고 답하기	진영 다사 씨, 연극 보는 거 좋아해요? 다샤 네. 좋아해요. 지난주에도 봤어요. 그런데 왜요?
공연 관람 제안하고 간다고 강조해서 말하기	진영 그럼 이번 주 토요일에 하는 연극 초대권이 있는데 같이 갈래요? 다샤 그럼요. 연극 공연인데 당연히 가야지요. 그런데 어떤 연극이에요? 주연 배우는 누구예요?
공연 정보, 배우 연기에 대한 만족감 말하기	진영 <옥탑방 고양이>라는 연극인데요. 남녀 주인공이 갑자기 같은 옥탑방에 살게 되면서 일어나는 이야기예요. 이번에 주인공을 맡은 배우가 유경아하고 이정민이래요. 전에 이정민의 다른 연극을 본 적이 있는데 연기를 정말 잘하던데요. 다샤 그래요? 진영 씨 이야기를 들으니까 더욱 기대가 되네요.
약속 시간 정하기	진영 그럼 우리 토요일 5시에 만나서 저녁 먹고 연극을 보면 어때요? 공연은 7시에 시작해요. 다샤 좋아요. 그때 봐요.

4 다음 대화 상황과 역할을 읽고 **2**와 **3**에서 배운 것을 활용해 사람 1과 사람 2가 되어 역할극을 해 보세요.

사람 1

이번 토요일에 하는 뮤지컬의 초대권이 있어요. 사람 2에게 뮤지컬을 좋아하는지 묻고 같이 가자고 제안하세요. 관람할 뮤지컬 정보, 배우 연기에 대한 만족감을 사람 2에게 말하세요. 그리고 약속 시간도 제안하세요.

사람 1에게 뮤지컬을 좋아한다고 답하고 사람 1이 제안한 뮤지컬에 꼭 간다고 강조해서 말하세요. 그리고 관람할 뮤지컬에 대한 정보도 물어보고 기대감을 표현하세요. 사람 1이 제안한 약속 시간을 확인하세요.

사람 2

5 친구와 같이 만든 역할극을 발표해 보세요.

읽고 쓰기

1 다음은 공연을 보고 쓴 글이에요. 글을 읽으면서 각 단락의 소제목을 생각해 보세요.

<빌리 엘리어트(Billy Elliot)>를 보고 나서

나는 오늘 뮤지컬 <빌리 엘리어트>를 봤다. 이 작품은 이미 영화로 제작되어 많은 사람들에게 '인생 영화'가 된 작품이다. 나도 그중의 한 사람이다. 얼마 전 뮤지컬 <빌리 엘리어트>를 한국에서 처음 무대에 올린다는 소식을 듣고 첫 공연을 보러 갔다.

<빌리 엘리어트>는 한 소년이 어려운 환경에서 자신의 꿈을 이루는 이야기이다. (Ⓐ) 이야기 속에서 빌리는 복싱을 배우다가 우연히 발레 수업을 보고 춤을 따라 하게 된다. (Ⓑ) 그렇게 빌리의 발레 수업은 시작된다. (Ⓒ) 그러나 빌리 아버지는 빌리가 발레 하는 것을 반대한다.

뮤지컬로 만난 <빌리 엘리어트>는 영화로 봤을 때와 그 느낌이 달랐다. 무대 연출은 화려했고, 음악과 춤은 아름다웠다. 가장 인상적인 장면은 빌리가 아버지 앞에서 춤을 추는 장면이었다. 주인공을 맡은 배우는 한 인터뷰에서 빌리를 표현하려고 1년 동안 매일 12시간씩 연습을 했다고 하던데. 나는 완벽하게 빌리가 된 그 배우에게 박수를 보내고 싶다.

공연을 보고 나오는 사람들을 보니까 얼굴에 미소가 가득했다. 아마도 빌리의 이야기가 자신만의 꿈을 가지고 사는 우리 모두에게 희망이 되었기 때문일 것이다.

2 위의 글을 다시 읽은 후에 각 단락의 소제목을 써 보세요.

1단락	
2단락	
3단락	
4단락	

3 다음 물음에 답해 보세요.

(1) 이 글을 쓴 이유는 무엇인지 골라 보세요.

① 공연에 대한 느낌을 말하기 위해
② 공연에 대한 정보를 전달하기 위해
③ 공연을 다른 사람에게 광고하기 위해

(2) 다음 문장이 들어갈 곳으로 알맞은 것을 골라 보세요.

> 그런 빌리에게 발레 선생님은 춤춰 보지 않겠냐고 제안한다.

① Ⓐ ② Ⓑ ③ Ⓒ

(3) 이 공연에 대한 설명으로 알맞은 것을 골라 보세요.

① 여러 사람들의 인생을 다룬 작품이다.
② 영화보다 뮤지컬이 먼저 알려진 작품이다.
③ 무대 연출이 화려하고 음악과 춤이 아름다웠다.

(4) 이 사람에게 가장 인상적인 장면은 어떤 장면인지 써 보세요.

---

4 공연을 보고 느낀 감상을 글로 쓰려고 해요.

(1) 여러분의 생각을 써 보세요.

공연 이름은 무엇입니까? 그 공연을 보러 가게 된 배경은 무엇입니까?	
어떤 내용입니까?	
인상적인 장면은 어떤 것이었습니까? 왜 그렇게 느꼈습니까?	
관람 후 소감은 어땠습니까?	

(2) (1)을 바탕으로 공연 감상의 글을 써 보세요.

어휘와 표현 확인

의미를 아는 어휘나 표현에 √표 해 보세요.

1 친구가 야구 경기를 보러 가자고 해요

- □ 기대를 걸다
- □ 기쁨의 눈물을 흘리다
- □ 대회에서 우승하다
- □ 박수를 보내다
- □ 마음이 설레다
- □ 경기 결과를 예측하다
- □ 골을 넣다
- □ 중소기업
- □ 업무
- □ 선택하다
- □ 입사
- □ 면접관
- □ 관객
- □ 올레길
- □ 싱싱하다
- □ 잠수함
- □ 배드민턴
- □ 팀
- □ 관중

2 우승을 하다니 꿈만 같아요

- □ 믿다
- □ 의외
- □ 김치를 담그다
- □ 5개 국어
- □ 영하
- □ 상상도 못 하다
- □ K리그
- □ 결승
- □ 결국
- □ 축구 해설자
- □ 국가 대표
- □ 꿈만 같다
- □ 뒤로 돌기
- □ 공중 돌기
- □ 발차기
- □ 동작
- □ 근육
- □ 단련하다
- □ 점차
- □ 경쟁
- □ 한계
- □ 도전하다
- □ 성취감
- □ 액션 배우
- □ 브레이크댄싱
- □ 일반인
- □ 맨몸
- □ 정신적
- □ 매력적
- □ 테니스복
- □ 젊은이
- □ 클라이밍
- □ 손가락
- □ 온몸
- □ 균형 감각

3 배우들이 연기를 정말 잘하던데요

- □ 감동을 받다
- □ 주인공을 맡다
- □ 뮤지컬로 제작되다
- □ 소극장에서 공연하다
- □ 노래 실력이 뛰어나다
- □ 공연 정보를 검색하다
- □ 무대 연출이 화려하다
- □ 장면이 인상적이다
- □ 규모
- □ 칭찬하다
- □ 연기
- □ 제안하다
- □ 초대권
- □ 강조하다
- □ 당연히
- □ 남녀
- □ 인생
- □ 무대에 올리다
- □ 발레
- □ 완벽하다
- □ 미소가 가득하다
- □ 아마도
- □ 희망

8 단원 실수와 사과

소단원 1
- 실수에 대한 어휘와 표현 익히기
- V-았/었다가
  V-느라(고)
- 친구에게 한 실수에 대해 조언 구하는 대화 듣기

소단원 2
- V-고 말다
- 실수에 대한 대화 듣고 쓰기
- 문화 차이로 인한 실수에 대해 읽고 말하기

소단원 3
- 사과와 오해에 대한 어휘와 표현 익히기
- A/V-(으)ㄹ 텐데
- 실수한 일에 대해 사과하고 사과받기
- 오해에 대한 경험담 읽고 쓰기

A

B

C

다음 대화를 듣고 A, B, C 중에서 알맞은 사진을 찾아 써 보세요.

1. (　　　　　　)
2. (　　　　　　)
3. (　　　　　　)

13

1 친구 옷을 입고 나갔다가 옷에 주스를 쏟았어요

어휘와 표현 1

1 다음은 실수와 실수했을 때의 감정에 대한 표현이에요. 듣고 따라 해 보세요. 그리고 의미를 알아 보세요. 14

(1)

친구가 내 팔을 쳐서 **커피를 쏟았어요.**

(2)

제가 팀 발표를 망쳐서 **마음이 무거워요.**

(3)

제가 한 실수가 자꾸 기억나서 **괴로워요.**

(4)

친구한테 화를 심하게 내서 지금 좀 **후회돼요.**

(5)

4시 약속이었는데 시간을 **착각해서** 3시에 갔어요.

(6)
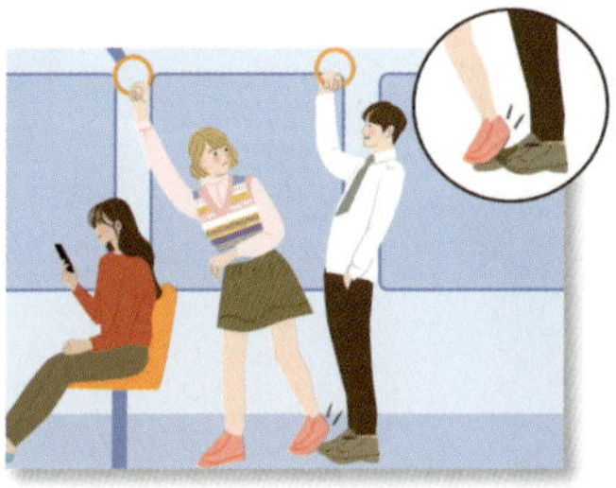
버스가 갑자기 출발해서 옆 사람의 **발을 밟았어요.**

2 1의 표현을 다음에 써 보세요. 그리고 여러분이 알고 있는 다른 표현도 써 보세요.

실수	실수했을 때의 감정
예 쏟았어요.	

3 2의 표현을 사용해 친구와 이야기해 보세요.

(1) 여러분은 최근에 어떤 실수를 했어요? 그때 기분이 어땠어요?

(2) 지금까지 한 실수 중에서 가장 큰 실수는 뭐였어요?

문법 1

1 기숙사에 돌아오기 전에 무슨 일이 있었어요? 다음 대화를 듣고 알맞은 것을 골라 보세요. 15

(1)

(2)

2 앞의 행동이 완전히 끝나고 다른 행동으로 바뀔 때 어떻게 말해요? 다음 대화를 듣고 따라 해 보세요. 16

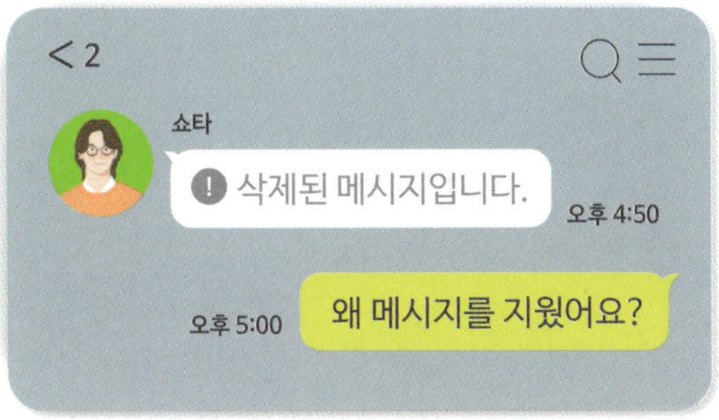

A 쇼타 씨, 무슨 말을 하려고 한 거예요? 왜 메시지를 보냈다가 지웠어요?

B 친구한테 보낼 메시지를 안나 씨한테 잘못 보냈어요. 미안해요.

A 다샤 씨, 텔레비전을 껐어요? 안 봐요?

B 네. 텔레비전을 틀었다가 재미없어서 그냥 껐어요.

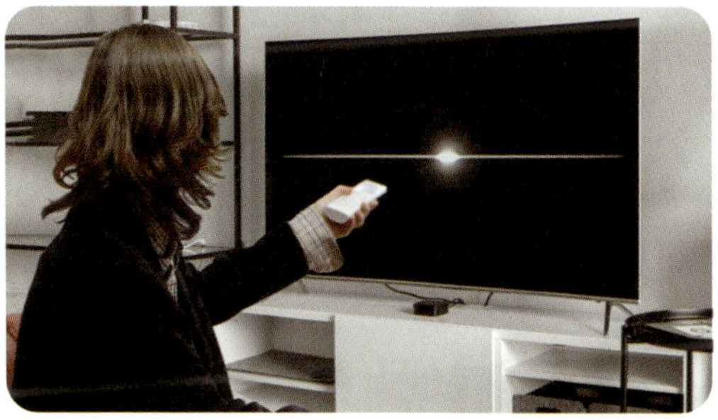

V-았다가/었다가

'-았/었다가'는 동사와 함께 쓰여 앞의 행동이 완전히 끝난 뒤에 다른 행동으로 바뀔 때 사용된다.

예) 인터넷에서 옷을 샀다가 마음에 안 들어서 반품했어요.
구두를 신었다가 불편해서 운동화로 갈아 신었어요.
고양이 이름을 '아옹이'로 지었다가 '사랑이'로 바꿨어요.

3 여러분은 어떤 행동을 완전히 끝내고 이어서 다른 행동을 한 적이 있어요? 다음을 보고 '-았/었다가'를 사용해 말해 보세요.

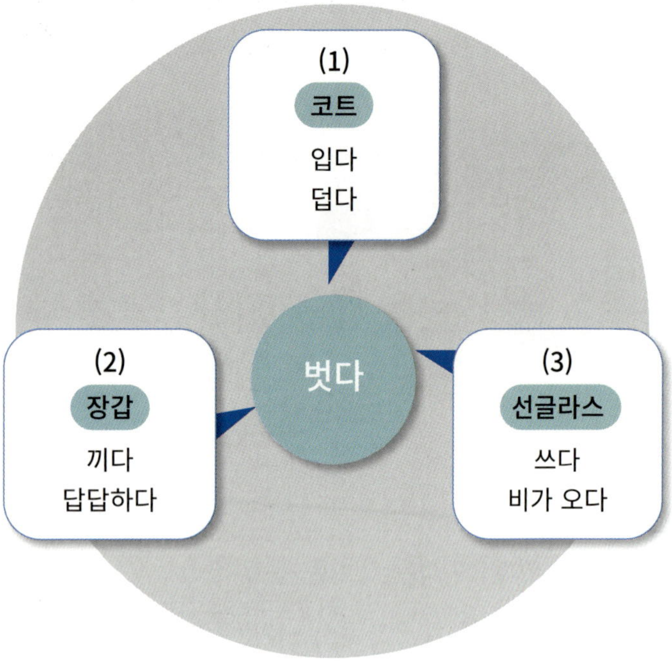

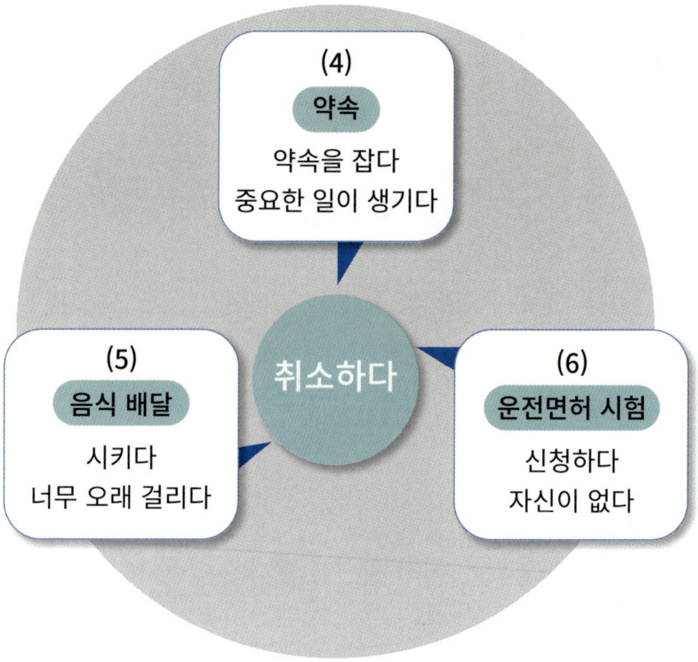

A 엘렌 씨, 코트를 벗었어요?

B 네. 입었다가 더워서 벗었어요.

4 다음을 보고 '-았/었다가'를 사용해 서로 묻고 답해 보세요. 그리고 새 대화도 만들어 보세요.

왜 창문을 닫았어요?

창문을 열었다가 밖이 시끄러워서 닫았어요.

	행동 1	행동 2	이유
(1)	창문을 열다	창문을 닫았다	밖이 시끄럽다
(2)	귀걸이를 하다	귀걸이를 뺐다	불편하다
(3)		넥타이를 풀었다	안 어울리다
(4)		버스에서 내렸다	길이 너무 막히다
(5)			
(6)			

문법 2

1 다음을 읽어 보세요. 이유를 나타내는 표현을 찾아 모두 밑줄을 그어 보세요. 그리고 사진에 맞는 표현도 찾아보세요.

룸메이트가 나 때문에 화가 났다. 내가 약속을 어겼기 때문이다. 오늘 내가 청소를 하기로 했는데 친구들과 노느라고 늦게 들어왔다. 그리고 집에 온 후에는 게임을 하느라고 또 청소를 못 했다. 룸메이트하고 한 약속을 못 지켜서 미안했다.

2 어떤 행동이 다른 행동의 이유나 원인이 될 때 어떻게 말해요? 다음 대화를 듣고 따라 해 보세요. 17

A 조슈아 씨, 어제 우리 반 모임에 왜 안 왔어요?

B 친구가 한국에 와서 공항에 마중하러 가느라고 못 갔어요. 올리버 씨는 갔어요?

A 네. 그런데 회사에서 회의 자료를 만드느라고 좀 늦게 갔어요.

V-느라(고)

'-느라(고)'는 동사와 함께 쓰여 앞의 행동이 뒤의 행동의 이유나 원인이 됨을 나타낸다.

예) 새로 나온 소설책을 읽느라고 늦게 잤어요.
오늘 수업에 늦어서 급하게 나오느라고 아침을 못 먹었어요.
식당 문을 일찍 여느라 요즘 새벽에 일어나요.

3 '-느라(고)'를 사용해 친구와 게임을 해 보세요.

게임 방법

1. 다음에 ♡를 네 개 그리세요. 한 줄에 한 개씩 그리세요. 이때 짝이 보지 못하도록 하세요.
2. 가위바위보를 해서 이긴 사람이 먼저 질문해요.
3. 질문하는 사람은 짝이 그린 ♡의 위치를 추측해서 질문하세요. 대답하는 사람은 짝의 추측이 맞으면 "딩동댕!", 틀리면 "땡!"이라고 말하세요.
4. 질문하는 사람은 점수표에 점수를 쓰세요. 처음에 맞히면 4점, 두 번째 질문에 맞히면 3점, 세 번째 질문에 맞히면 2점, 네 번째 질문에 맞히면 1점이에요.
5. (1)~(4)까지 다 하면 역할을 바꿔서 짝이 질문하고 3과 4 같은 방법으로 대화하세요. 그리고 점수를 쓰세요.
6. (1)~(4)의 점수를 합해서 점수가 높은 사람이 이겨요.

이유 / 결과	잠을 자다	만화책을 읽다	강아지하고 놀다	친구와 이야기하다	점수표 (총점: ______점)
(1) 수업에 늦었다			♡		
(2) 늦게 출발했다					
(3) 숙제를 못 했다					
(4) 전화를 못 받았다					

A 쇼타 씨는 왜 수업에 늦었어요? 잠을 자느라고 늦었어요?
B 땡!

A 그러면 강아지하고 노느라고 늦었어요?
B 딩동댕!

4 다음을 보고 '-느라(고)'를 사용해 서로 묻고 답해 보세요. 그리고 새 대화도 만들어 보세요.

왜 휴대 전화를 집에 놓고 왔어요?

아침에 급하게 나오느라고 집에 놓고 왔어요.

(1) 왜 휴대 전화를 집에 놓고 왔어요?

(2) 왜 어제 밤을 새웠어요?

(3) 왜 점심을 못 먹었어요?

(4) 왜 친구와 만나기로 한 약속을 잊어버렸어요?

(5)

(6)

듣기

1 무슨 일이 있었을까요? 이런 일이 생기면 어떻게 해결해야 할까요?

2 다음은 루이즈와 진영의 대화예요. 잘 듣고 물음에 답해 보세요. 18

(1) 루이즈에게 일어난 일로 알맞은 것을 골라 보세요.

① 

② 

③ 

(2) 루이즈에 대해 들은 내용으로 알맞은 것을 골라 보세요.

① 엘렌의 옷을 입고 친구의 결혼식에 갔어요.
② 엘렌에게 옷을 빌릴 때부터 옷에 얼룩이 있었어요.
③ 진영의 조언을 듣고 옷을 세탁소에 맡겼어요.

(3) 루이즈가 대화 후에 할 행동으로 알맞은 것을 골라 보세요.

① 엘렌에게 전화해서 사실을 말할 거예요.
② 엘렌에게 미안해서 옷을 먼저 사 줄 거예요.
③ 엘렌에게 사과할 방법을 더 고민해 볼 거예요.

3 여러분은 루이즈에게 어떤 조언을 해 주고 싶어요? 친구와 이야기해 보세요.

+ 더 알아보기

V-지그래요

'-지그래요'는 동사와 함께 쓰여 완곡하게 조언하거나 권유함을 나타낸다. 뒤의 억양을 올려서 말한다.

예) 소화가 잘 안 되면 죽을 먹지그래요.
피곤해 보이는데 집에 가서 쉬지그래.
국물이 적어 보이는데 물을 좀 더 붓지그래요.

문법 3

1 다음 대화를 듣고 질문에 알맞은 답을 골라 보세요. 19

(1) 어제 탁구 경기는 어떻게 끝났어요?

① 우리 팀이 졌어요.
② 우리 팀이 이겼어요.

(2) 다샤는 남자 친구하고 어떻게 지내요?

① 남자 친구하고 헤어졌어요.
② 남자 친구하고 헤어지려고 해요.

2 의도하지 않은 일이 결국 일어났을 때 어떻게 말해요? 다음 대화를 듣고 따라 해 보세요. 20

A 화분이 왜 이렇게 됐어요? 지난달에 선물 받은 거 아니에요?
B 네. 맞아요. 그동안 잘 키워 보려고 매일 물을 줬는데 죽고 말았어요.

A 조슈아 씨는 한국에 오기 전에 회사에 다녔다고 했죠? 회사를 그만두고 한국에 온 거예요?
B 네. 일이 너무 많았거든요. 오래 다니고 싶었는데 건강이 나빠져서 세 달 다니다가 결국 회사를 그만두고 말았어요.

V-고 말다

'-고 말다'는 동사와 함께 쓰여 어떤 일이 의도하지 않은 상태에서 결국 일어났음을 나타낸다.

예) 저녁을 적게 먹으려고 했는데 배가 너무 고파서 밥에 라면까지 먹고 말았어요.
동생이 제 노트북을 쓰다가 고장 내고 말았어요.
휴대 전화의 버튼을 잘못 눌러서 중요한 문자 메시지를 삭제하고 말았어요.

3 다음 동화 속 주인공들에게 결국 무슨 일이 일어났어요? 다음을 보고 '-고 말다'를 사용해 말해 보세요.

(1) 피노키오

거짓말을 해서 코가 길어지다

(2) 앨리스

토끼를 따라가다가 굴에 떨어지다

(3) 백설공주

독이 든 것을 모르고 사과를 먹다

(4) 인어공주

왕자의 사랑을 얻지 못해 물거품이 되다

(5) 해님달님

호랑이에게 속아서 문을 열어 주다

(6) 개구리 왕자

나쁜 마녀 때문에 개구리로 변하다

A 피노키오에게 무슨 일이 있었어요?
B 거짓말을 해서 코가 길어지고 말았어요.

4 다음을 보고 '-고 말다'를 사용해 서로 묻고 답해 보세요. 그리고 새 대화도 만들어 보세요.

쇼타가 농구 경기에 나간다고 했죠? 어떻게 됐대요?

경기에 못 나갔대요. 훈련하다가 다리를 다치고 말았대요.

	들은 이야기	일의 결과	
(1)	농구 경기에 나가다	경기에 못 나갔다	훈련하다가 다리를 다치다
(2)	장학금을 받고 싶어 하다	장학금을 못 받았다	쓰기 시험을 망치다
(3)	제주도 여행을 가다		
(4)	뮤지컬 공연을 보다		
(5)			
(6)			

듣고 쓰기

1 다음을 보고 안나와 올리버가 무엇에 대해 이야기하고 있는지 말해 보세요.

2 다음은 안나와 올리버가 한 실수에 대한 대화예요. 잘 듣고 물음에 답해 보세요.

21

(1) 대화를 잘 들으세요. 들은 내용 중 중요한 것을 메모해 보세요.

(2) 다시 대화를 듣고 물음에 답해 보세요.

1) 안나가 어디에서 무슨 실수를 했어요?

2) 사람들이 안나를 쳐다봤을 때 안나는 어떻게 됐어요?

3) 올리버는 어떤 실수를 했어요? 알맞은 것을 골라 보세요.

①

②

③

(3) 한 번 더 들으세요. 들으면서 잘못 들었거나 새롭게 들은 내용을 (1)에 추가해 써 보세요.

3 3~4명씩 모여서 2의 내용을 바탕으로 글을 써 보세요.

(1) 2의 (1)을 서로 비교하면서 같은 것과 다른 것이 무엇인지 확인해 보세요.

(2) 2의 내용을 '-고 말다'와 '-느라(고)'를 사용해 6~7문장의 글로 완성해 보세요.

안나는 한국에 온 지 6개월이 넘었는데 아직 적응이 안 된 것 같다고 생각해요. ________

(3) (2)의 내용과 표현이 맞는지 161쪽의 듣기 지문과 비교해 보세요.

읽고 말하기

1 다음은 한국과 미국의 약국과 병원에서 할 수 있는 일이에요. 어떤 일을 할 수 있고 어떤 일을 할 수 없는지 다음을 보고 말해 보세요.

Pharmacy

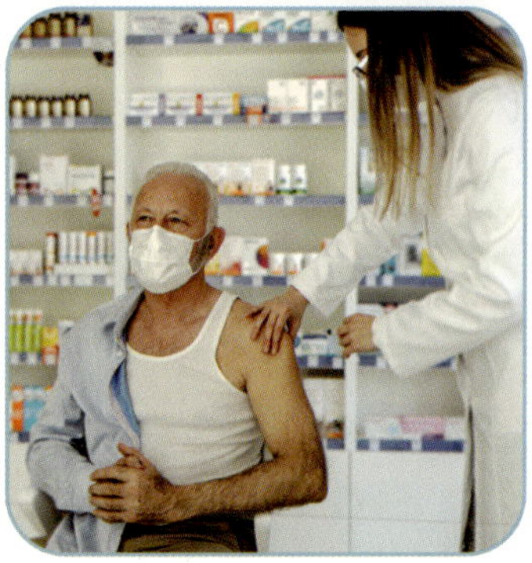

이화약국

이화병원

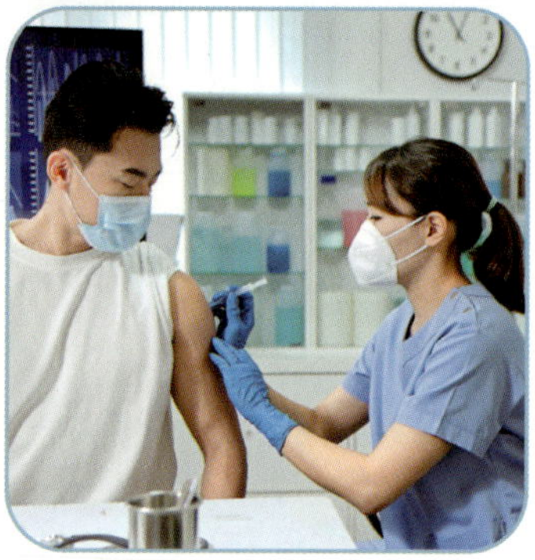

2 다음은 한국에서 외국인이 경험할 수 있는 문화 차이와 그것 때문에 생길 수 있는 실수에 대해 쓴 글이에요. 글을 읽고 다음에 메모해 보세요.

외국어를 배운다는 것은 그 나라의 언어뿐만 아니라 생활 습관, 문화까지 배우는 것이다. 그래서 다른 나라에 가서 그 나라의 언어를 배우는 것은 쉬운 일이 아니다. 이 때문에 가끔 그 나라의 문화를 모르거나 자신의 나라와 문화가 달라서 실수를 할 때가 있다.

조슈아는 한국에 온 지 얼마 안 된 11월 어느 날, 날씨가 쌀쌀해져서 약국에 갔다. 독감 예방 주사를 맞기 위해서였다. 조슈아는 약사에게 독감 예방 주사를 맞으러 왔다고 말했다. 그런데 약사는 불친절하게 독감 예방 주사를 맞을 수 없다고 했다. 조슈아는 예방 주사를 맞을 수 있는 약국을 찾느라 몇 곳을 다녀 봤지만 어디에서도 주사를 맞을 수 없었다. 그래서 마지막으로 간 약국에서 조슈아는 약사에게 짜증을 내고 말았다. 그리고 한국에서 예방 주사 맞기가 왜 이렇게 힘드냐고 했다. 이 말을 듣고 약사는 당황해서 예방 주사는 병원에서만 맞을 수 있다고 말해 주었다. 조슈아는 미국과 다르다는 것을 그제야 알게 되었다.

두 나라의 문화가 어떻게 달라요?

3 다음은 한국에서 문화 차이 때문에 실수한 일들이에요. 다음 중 하나를 골라 메모하면서 이야기를 만들어 보세요.

무슨 일이 있었어요?	두 나라의 문화가 어떻게 달라요?

무슨 일이 있었어요?	두 나라의 문화가 어떻게 달라요?

4 2명씩 모이세요. **3**의 메모를 보고 다음과 같이 말해 보세요. 그리고 다른 친구들의 질문에 답해 보세요.

A 저는 한국하고 미국의 약국에서 할 수 있는 게 달라서 실수한 적이 있어요. 한국에 온 지 얼마 안 됐을 때 날씨가 추워져서 독감 예방 주사를 맞으러 약국에 갔어요. 그런데 어디에서도 주사를 맞을 수가 없어서 마지막으로 간 약국에서 짜증을 내고 말았어요. …… 그때 한국의 약국에서는 독감 예방 주사를 맞을 수 없다는 걸 알게 됐어요.

B 잘 들었어요. 두 나라 약국에서 하는 일이 다른 걸 몰라서 실수했군요. 그것 말고 한국하고 미국 약국의 다른 점이 또 있어요?

5 각 팀에서 제일 흥미 있는 이야기를 골라 발표해 보세요.

3 확인했으면 실수하지 않았을 텐데 죄송해요

어휘와 표현 2

1 다음은 사과와 오해에 대한 표현이에요. 소리 내 읽어 보세요. 그리고 의미를 알아보세요.

(1)

핑계를 대요

(2)

오해가 쌓여요

(3)

오해를 받아요

(4)

오해를 풀어요

(5)

잘못을 사과해요

(6)

잘못을 인정해요

(7)

친구와 화해해요

(8)

사과를 받아 줘요

2 다음 대화를 듣고 **1** 의 표현을 사용해 문장을 완성해 보세요. 22

(1) 엘렌은 친구가 다음부터 조심하겠다고 해서 친구의 ______________________.

(2) 유나는 룸메이트하고 솔직하게 대화를 나눈 후에 서로에 대한 ______________________.

(3) 진차오는 주말에 안나하고 같이 공부한 후에 안나와 사귄다고 ______________________.

(4) 선배는 회의에 늦었지만 잘못했다고 하지 않고 어쩔 수 없었다고 ______________________.

(5) 교통사고를 낸 진영은 상대방에게 자신의 ______________________ 자동차를 수리해 주기로 했어요.

3 **1** 의 표현을 사용해 친구와 이야기해 보세요.

(1) 다른 사람과 말다툼한 적이 있어요? 무슨 일로 말다툼을 했어요?

(2) 오해를 풀거나 사과를 하고 싶을 때는 어떻게 해야 할까요?

문법 4

1 다음을 읽고 색칠한 부분이 어떤 의미일지 추측해 보세요.

내일 친구와 캠핑을 가기로 했다. 그런데 일기 예보를 들으니까 내일 저녁부터 비가 온다고 한다. 비가 오면 텐트가 **젖을 텐데** 괜찮을까? 비 때문에 밤에는 추울 것 같은데……. 비 오는 날 캠핑은 처음이라서 여러 가지로 걱정도 되지만 분위기 있는 캠핑이 될 것 같아서 기대도 된다.

2 어떤 상황을 추측해서 말할 때 어떻게 말해요? 다음 대화를 듣고 따라 해 보세요. 23

A 여보세요. 루이즈! 집에서 파티를 하려면 준비할 게 많을 텐데 내가 가서 좀 도와줄까?

B 정말? 그렇지 않아도 친구들이 곧 올 텐데 준비가 끝나지 않아서 걱정하고 있었어.

A 그럼 지금 바로 너희 집으로 갈게. 조금만 기다려.

A/V-을 텐데/ㄹ 텐데

'-(으)ㄹ 텐데'는 형용사, 동사, '이다'와 함께 쓰여 말하는 사람의 추측을 나타낸다. 뒤에는 추측한 내용과 관련되거나 반대되는 내용이 온다.

예) 잠을 못 자서 피곤할 텐데 또 외출을 해요?
걸어가면 늦을 텐데 택시를 탑시다.
언니가 지금쯤 제주도에 도착했을 텐데 아직 연락이 없네요.

3 다음 상황에 알맞은 사진은 무엇이에요? '-(으)ㄹ 텐데'를 사용해 말해 보세요.

상황

(1) 많이 걸으면 목이 마르다

(2) 산에 가면 벌레가 많다

(3) 저녁이 되면 비가 오다

(4) 산에서 밥을 먹어야 하다

(5) 산속에 들어가면 서늘하다

(6) 산에 올라가는 동안 땀이 나다

필요한 것

A 위칭 씨, 주말에 산에 갈 거죠? 많이 걸으면 목이 마를 텐데 물을 가지고 가세요.

B 네. 알겠어요. 물을 가지고 갈게요.

4 다음을 보고 '-(으)ㄹ 텐데'를 사용해 서로 묻고 답해 보세요. 그리고 새 대화도 만들어 보세요.

이번 학기 마치고 고향에 돌아가요?

네. 고향에 돌아가면 반 친구들과 헤어져야 할 텐데 정말 아쉬워요.

	상황	추측	감정
(1)	이번 학기 마치고 고향에 돌아가다	고향에 돌아가면 반 친구들과 헤어져야 하다	아쉽다
(2)	태풍 때문에 비행기가 취소돼서 여행을 못 갔다	날씨가 좋았으면 여행을 갔다	속상하다
(3)	내일 케이팝 댄스 오디션이 있다		
(4)	오해가 쌓여서 남자 친구와 싸웠다		
(5)			
(6)			

말하기

실수한 일과 사과에 대해서 이야기하려고 해요. 실수한 일에 대해 후회를 표현하면서 사과하고 그 사과를 받는 역할극을 해 보세요.

1 다음은 역할극의 상황이에요. 다음을 보고 어떤 상황인지 친구와 이야기해 보세요.

사진 동아리 회원인 다샤와 진차오는 동아리 전시회를 준비하고 있어요. 진차오가 전시회 장소 예약을 맡았는데 예약이 제대로 안 된 것을 다샤가 알게 됐어요. 다샤는 진차오에게 예약을 확인했는지 물어봐요. 진차오는 예약을 확인하지 않은 실수에 대해 후회하면서 다샤에게 번거롭게 해서 미안하다고 사과해요. 다샤는 진차오의 사과를 받아 줘요.

(1) 여러분은 실수한 일에 대해 후회하거나 상대방에게 사과하고 사과를 받아 줄 때 어떻게 말해요? 이때 사용하는 표현을 써 보세요. 그리고 다샤와 진차오가 되어 역할극을 해 보세요.

기능	표현
실수한 일에 대해 후회하기	
사과하고 사과받기	

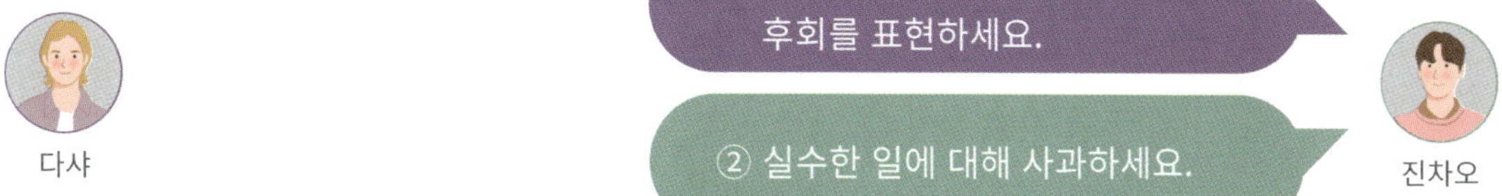

다샤: ① 진차오가 맡은 일이 잘됐는지 확인하세요.

진차오: ① 자신이 실수한 일에 대해 후회를 표현하세요.

진차오: ② 실수한 일에 대해 사과하세요.

다샤: ② 진차오의 사과를 받아 주세요.

(2) (1)에서 만든 대화에 대해 말해 보세요.

여러분은 실수한 일에 대해 후회할 때 어떻게 말했어요?

상대방에게 사과하고 사과를 받아 줄 때 어떻게 말했어요?

2 실수한 일에 대해 후회할 때와 상대방에게 사과하고 사과를 받아 줄 때 어떻게 말하는지 알아보세요.

(1) 실수한 일에 대해 후회할 때 어떻게 표현할까요?

실수한 일에 대해 후회하기

A 다시 예약을 확인하지 않았어? 확인했으면 이런 일이 없었잖아.

B
- 전시회를 못 하게 되면 어떻게 해. 예약을 다시 확인했어야 했는데 큰 일 났네.
- 전시회를 못 하게 되면 어떡하지? 예약됐는지 다시 확인했으면 이런 일이 없었을 텐데…….
- 예약을 다시 확인하지 않아서 내가 정말 큰 실수를 했어. 전시회를 못 하게 되면 어떻게 하지?

(2) 상대방에게 사과하고 사과를 받아 줄 때 어떻게 표현할까요?

사과하고 사과받기

A
- 너까지 번거롭게 해서 정말 미안해.
- 괜히 너까지 신경 쓰게 해서 미안해.

B
- 괜찮아. 별일 아니니까 마음 쓰지 마.
- 아니야, 됐어. 실수할 수 있지. 이해해.
- 아니야. 일부러 그런 것도 아닌데, 뭐. 괜찮아.

+ 더 알아보기

-되다

'-되다'는 명사와 함께 쓰여 다른 것의 영향을 받아 어떤 상황에 놓임을 말할 때 사용된다.

예) 출장비에 교통비도 포함돼요.
전 세계에서 가장 많이 사용되는 언어가 뭐예요?
모두 준비됐으면 출발할까요?

3 다음 대화를 들은 후 읽어 보세요. 그리고 대화 내용과 순서를 알아보세요. 24

단계	화자	대화
예약 상황에 대해 묻고 답하기	다샤	진차오, 전시회 장소 제대로 예약한 거 맞아? 방금 학생회관에 전화해 봤는데 장소 예약이 안 됐던데.
	진차오	뭐? 안 됐어? 지난주에 했는데. 점심 먹으러 갔다가 학생회관에 들렀었거든. 담당자가 휴가 중이라고 해서 메모 남기고 왔어.
실수한 일에 대해 후회하기	다샤	그 후에 다시 예약을 확인하지 않았어? 확인했으면 이런 일이 없었잖아.
	진차오	큰일 났네. 난 당연히 예약이 됐다고 생각했어. 그 이후로는 전시회 준비로 바빠서 잊어버리고 말았어. 전시회를 못 하게 되면 어떡하지? 예약됐는지 다시 확인했으면 이런 일이 없었을 텐데…….
해결 방안 말한 후 사과하고 사과받기	다샤	지금 빨리 학생회관에 전화해서 예약이 가능한지 물어봐. 혹시 안 될 수도 있으니까 나는 동창회관에 전화해 볼게.
	진차오	알았어. 내가 해야 할 일인데 너까지 번거롭게 해서 정말 미안해.
	다샤	아니야. 일부러 그런 것도 아닌데, 뭐. 괜찮아. 빨리 알아보자.
다짐하기	진차오	정말 미안해. 앞으로는 이런 일이 없도록 할게.
	다샤	응. 알겠어.

4 다음 대화 상황과 역할을 읽고 **2**와 **3**에서 배운 것을 활용해 사람 1과 사람 2가 되어 역할극을 해 보세요.

사람 1

악기 동아리 공연을 준비하고 있어요. 사람 2에게 공연 포스터 제작 상황을 물어보고 사람 2의 실수에 대해 확인하세요. 그리고 해결 방안을 제시하세요. 사람 2의 사과를 듣고 사과를 받아 주세요.

사람 2

악기 동아리 공연 준비에서 공연 포스터 제작을 맡았어요. 그런데 포스터에 공연 날짜와 장소가 잘못 나왔어요. 사람 1에게 자신이 실수한 사실을 말하세요. 그리고 실수에 대해 후회를 표현하고 사람 1에게 사과하세요.

5 친구와 같이 만든 역할극을 발표해 보세요.

읽고 쓰기

1 다음은 오해에 대한 경험담을 쓴 글이에요. 글을 읽으면서 밑줄 친 표현의 의미가 무엇인지 추측해 보세요.

한국과 다른 몽골의 사과법

나의 고향 몽골에는 독특한 사과 방법이 있다. ① 그것은 다른 사람의 발을 차거나 밟았을 때 말로 사과하지 않고 사과의 의미로 상대방에게 손을 내밀어 악수를 청하는 것이다. 이렇게 하지 않으면 사과를 하지 않았다고 생각해서 오해를 받을 수 있다.

그런데 반대로 나는 ② 이것 때문에 한국에서 오해를 받은 적이 있다. 어느 날 버스를 타고 학교에 가는데 버스에 사람이 많아서 서서 가야 했다. 나는 버스가 신호 때문에 멈췄을 때 휴대 전화 메시지를 확인하느라고 잠깐 버스 손잡이를 놓았다. (Ⓐ) 그런데 그때 갑자기 버스가 출발해서 옆 사람의 발을 밟고 말았다.

(Ⓑ) 손을 잡았다가 금방 놓았지만 무의식적으로 나온 ③ 그 행동에 나도 당황스러웠다. 그 사람도 깜짝 놀라서 나를 쳐다봤다. (Ⓒ) 나는 더 가야 했지만 너무 창피해서 그 사람에게 미안하다고 사과하고 다음 정류장에서 바로 내렸다. 그 사람에게 몽골에서는 사과를 그렇게 해서 나도 모르게 실수했다고 말하고 오해를 풀었으면 좋았을 텐데 그러지 못했다. ④ 이 일이 있고부터 나는 다른 사람을 대할 때 오해가 생기지 않도록 더 조심하게 됐다.

2 밑줄 친 표현의 의미가 무엇인지 써 보세요.

	표현	가리키는 말
①	그것	
②	이것	
③	그 행동	
④	이 일	

3 다음 물음에 답해 보세요.

(1) 다음 문장이 들어갈 곳으로 알맞은 것을 골라 보세요.

> 그런데 그 순간 나는 너무 미안하고 당황해서 나도 모르게 그 사람의 손을 잡고 말았다.

① Ⓐ　　② Ⓑ　　③ Ⓒ

(2) 다음 중 나에 대한 설명으로 알맞은 것을 골라 보세요.

① 버스 안에서 휴대 전화 메시지를 읽었다.
② 버스가 갑자기 출발해서 버스 손잡이를 놓쳤다.
③ 버스를 타고 목적지까지 가서 내렸다.

(3) 다음 중 글의 내용으로 알맞은 것을 골라 보세요.

① 옆 사람은 나의 행동에 놀라서 나를 쳐다봤다.
② 나는 버스에서 갑자기 내리느라고 사과하지 못했다.
③ 나는 옆에 서 있던 사람에게 이야기해서 오해를 풀었다.

(4) 몽골에서는 다른 사람의 발을 차거나 밟았을 때 어떻게 사과하는지 써 보세요.

4 여러분 나라와 다른 나라의 문화 차이 때문에 오해를 받은 경험담을 쓰려고 해요.

(1) 여러분의 생각을 써 보세요.

여러분 나라에만 있는 일상생활 속 특별한 문화가 있습니까?	
그 문화 때문에 다른 나라에서 실수나 잘못을 한 적이 있습니까?	
그때 어떤 오해를 받았습니까? 그래서 무엇을 느꼈습니까?	

(2) (1)을 바탕으로 오해에 대한 경험담을 써 보세요.

어휘와 표현 확인

의미를 아는 어휘나 표현에 √표 해 보세요.

1 친구 옷을 입고 나갔다가 옷에 주스를 쏟았어요

- □ 쏟다
- □ 마음이 무겁다
- □ 괴롭다
- □ 후회되다
- □ 착각하다
- □ 발을 밟다
- □ 망치다
- □ 삭제하다
- □ (텔레비전을) 틀다
- □ 자신이 없다
- □ 약속을 잡다
- □ 만화책
- □ 지워지다
- □ 물수건
- □ 얼룩
- □ 세탁소
- □ 없어지다

2 얼굴이 빨개지고 말았어요

- □ 죽다
- □ 거짓말
- □ 마녀
- □ 개구리
- □ 왕자
- □ 변하다
- □ 따라가다
- □ 굴
- □ 독
- □ 들다
- □ 속다
- □ 얻다
- □ 물거품
- □ 신호가 바뀌다
- □ 기둥
- □ 버튼
- □ 쳐다보다
- □ 불친절하다
- □ 그제야

3 확인했으면 실수하지 않았을 텐데 죄송해요

- □ 핑계를 대다
- □ 오해를 받다
- □ 오해를 풀다
- □ 오해가 쌓이다
- □ 잘못을 사과하다
- □ 잘못을 인정하다
- □ 친구와 화해하다
- □ 사과를 받아 주다
- □ 싸우다
- □ 솔직하다
- □ 이해하다
- □ 대화를 나누다
- □ 교통사고를 내다
- □ 상대방
- □ 수리하다
- □ 일기 예보
- □ 젖다
- □ 목이 마르다
- □ 벌레
- □ 산속
- □ 서늘하다
- □ 마치다
- □ 태풍
- □ 어떡하다
- □ 큰일 나다
- □ 괜히
- □ 신경 쓰다
- □ 마음을 쓰다
- □ 일부러
- □ 학생회관
- □ 들르다
- □ 담당자
- □ 메모를 남기다
- □ 동창회관
- □ 몽골
- □ 의미
- □ 내밀다
- □ 청하다
- □ 반대로
- □ 서다
- □ 멈추다
- □ 무의식적

9 단원 특별한 날

소단원 1
- 특별한 날에 대한 어휘와 표현 익히기
- A/V-(ㄴ/는)다거나 V-아/어 있다
- 청혼받은 날에 대한 사연 듣기

소단원 2
- A/V-(으)ㄴ/는/(으)ㄹ 모양이다
- 강아지가 처음 온 날에 대한 대화 듣고 쓰기
- 특별한 날에 대해 읽고 말하기

소단원 3
- 사건과 사고에 대한 어휘와 표현 익히기
- 피동사
- 사건에 대해 말하기
- 장소 묘사의 글 읽고 쓰기

A

B

C

다음 대화를 듣고 A, B, C 중에서 알맞은 사진을 찾아 써 보세요.

1. (   )
2. (   )
3. (   )

25

1 졸업식에 사람들이 많이 와 있었어요

어휘와 표현 1

1 다음은 특별한 날에 대한 표현이에요. 듣고 따라 해 보세요. 그리고 의미를 알아보세요. 26

(1)

외국인 노래 **대회에 나갔어요.**

(2)

댄스 대회의 **예선을 통과했어요.**

(3)

남자 친구한테서 **청혼을 받았어요.**

(4)

그 사람한테 내 **마음을 표현했어요.**

(5)

레아는 작년 가을에 **결혼식을 올렸어요.**

(6)

반 친구들이 모두 **수료식에 참석했어요.**

2 1의 표현을 다음에 써 보세요. 그리고 여러분이 알고 있는 다른 표현도 써 보세요.

해 본 적 있는 일	해 본 적 없는 일
예 대회에 나갔어요.	

3 2의 표현을 사용해 친구와 이야기해 보세요.

(1) 여러분에게 가장 기억에 남는 특별한 날은 언제였어요? 그날 어떤 일이 있었어요?

(2) 앞으로 여러분에게 어떤 특별한 날이 있었으면 좋겠어요?

문법 1

1 다음 대화를 듣고 질문에 알맞은 답을 골라 보세요. 27

(1) 어떤 휴대 전화가 잘 팔려요? 모두 골라 보세요.

① 디자인이 예쁜 거요.
② 가격이 저렴한 거요.
③ 기능이 많은 거요.

(2) 올리버는 주말에 뭐 해요? 모두 골라 보세요.

① 외출해요.
② 책을 읽어요.
③ 드라마를 봐요.

2 발생할 수 있는 사건을 가정하여 나열하거나 실제 내용을 나열할 때 어떻게 말해요? 다음 대화를 듣고 따라 해 보세요. 28

A 며칠 전부터 계속 두통이 심하고 소화도 안 돼요.
B 그래요? 저에게 두통약이 있는데 이거 한번 먹어 보세요. 그래도 머리가 계속 아프다거나 소화가 안 되면 병원에 가 보세요.

A 요즘 너무 바빠서 하루 종일 앉아서 일만 해요.
B 그래도 시간을 내서 잠깐 일어나서 걷는다거나 가벼운 스트레칭을 한다거나 하면서 몸을 움직여 보세요.

A-다거나
V-는다거나/ㄴ다거나

'-(ㄴ/는)다거나'는 형용사, 동사, '이다'와 함께 쓰여 발생할 수 있는 사건을 가정하여 나열하거나 실제 내용을 나열할 때 사용된다. 주로 '-(ㄴ/는)다거나 -(ㄴ/는)다거나 하다'로 활용되고 '이다'는 '(이)라거나'로 사용된다.

예) 저는 색이 화려하다거나 꽃무늬가 있는 옷을 좋아하지 않아요.
수업 시간에 잠을 잔다거나 휴대 전화를 사용한다거나 하면 안 돼요.
부모들은 아이들이 의사라거나 공무원이라거나 변호사와 같은 안정적인 직업을 갖기를 바라요.

3 다음을 보고 두 개 이상을 골라 √표 하세요. '-(ㄴ/는)다거나'를 사용해 말해 보세요.

(1)	스트레스를 받을 때	☑ 잠을 자다	☑ 게임을 하다	☐ 매운 음식을 먹다
(2)	졸릴 때	☐ 세수하다	☐ 껌을 씹다	☐ 창문을 열다
(3)	공부할 때	☐ 반복해서 쓰다	☐ 책에 밑줄을 긋다	☐ 중요한 내용을 정리하다
(4)	외로울 때	☐ 친구를 만나다	☐ 취미 활동을 하다	☐ 가족에게 전화하다
(5)	모르는 단어가 있을 때	☐ 사전을 찾다	☐ 친구에게 물어보다	☐ 문장을 읽고 추측하다
(6)	숙제를 안 가져왔을 때	☐ 다음 날 내다	☐ 집에 가서 가져오다	☐ 학교에서 다시 하다

A 스트레스를 받을 때 어떻게 해요?

B 잠을 잔다거나 게임을 한다거나 해요.

4 다음을 보고 '-(ㄴ/는)다거나'를 사용해 서로 묻고 답해 보세요. 그리고 새 대화도 만들어 보세요.

어떤 집이
인기가 많아요?

학교에서 가깝다거나 교통이 편리하다거나
햇빛이 잘 드는 집이 인기가 많아요.

(1) 집	학교에서 가깝다, 교통이 편리하다, 햇빛이 잘 들다
(2) 신발	발이 편하다, 색깔이 예쁘다, 유명한 연예인이 광고했다
(3) 사람	
(4) 카페	
(5)	
(6)	

문법 2

1 다음을 읽고 색칠한 부분이 어떤 의미일지 추측해 보세요.

오늘은 고등학교를 졸업하는 날이다. 그래서 오전 10시부터 강당에서 졸업식을 한다. 우리 반은 강당으로 가기 전에 먼저 교실에서 모였다. 그다음에 선생님과 같이 졸업식장으로 갔는데 가 보니까 다른 반 학생들은 벌써 **와 있었다**. 우리가 제일 마지막으로 온 것 같았다. 그리고 곧 졸업식이 시작됐다.

2 어떤 행동이 끝난 후 그 상태가 계속될 때 어떻게 말해요? 다음 대화를 듣고 따라 해 보세요. 29

A 말하기 대회장이 어디죠?
B 어, 저기 사람들이 모여 있어요. 저기인 것 같아요.

A 대회장 안에 사람들이 많이 앉아 있어요.
B 곧 시작하겠어요. 우리도 빨리 앉아요.

V-아 있다/어 있다

'-아/어 있다'는 자동사와 함께 쓰여 어떤 행동이 끝난 후 그 상태가 계속됨을 나타낸다.

예) 집에 도착하니까 아버지께서 집 앞에 나와 계셨어요.
이 명단에는 늦게 신청한 사람이 포함되어 있지 않아요.
소파가 너무 편해서 계속 소파에 누워 있었어요.

3 학생 A와 B가 되어 '-아/어 있다'를 사용해 말해 보세요. 그리고 서로 다른 그림을 찾아 동그라미 하세요.

학생 A

(1) 자동차가 주차되다	(2) 고양이가 숨다
(3) 게시판에 포스터가 붙다	(4) 쓰레기통이 비다

학생 B p.153 >

A 자동차가 주차되어 있어요?

B 네. 자동차가 주차되어 있어요.

4 다음을 보고 '-아/어 있다'를 사용해 서로 묻고 답해 보세요. 그리고 새 대화도 만들어 보세요.

	질문	대답
(1)	일이 다 안 끝났다	아직 일이 남다
(2)	길이 미끄럽다	길이 얼다
(3)	어젯밤에 눈이 왔다	
(4)	숙박비와 교통비를 따로 내지 않다	
(5)		
(6)		

듣기

1 다음은 두 남녀의 모습이에요. 어떤 상황 같아요? 여러분도 이런 경험을 한 적이 있어요?

2 다음은 방송 사연이에요. 잘 듣고 물음에 답해 보세요.

30

(1) 레아에 대한 내용으로 맞지 않는 것을 골라 보세요.

① 남자 친구와 처음에 말이 통하지 않아서 힘들었어요.
② 친구가 소개해 줘서 지금의 남편을 만나게 됐어요.
③ 남자 친구와 공연을 보거나 밥을 먹으면서 가까워졌어요.

(2) 청혼에 대해 들은 내용으로 알맞은 것을 골라 보세요.

① 레아는 남자 친구가 먼저 청혼하기를 기다렸어요.
② 레아는 남자 친구보다 일찍 카페에 도착해서 할 말을 고민했어요.
③ 남자 친구는 준비한 반지를 레아에게 주면서 청혼했어요.

(3) 전화 연결 후에 이어서 나올 내용으로 맞지 않는 것을 골라 보세요.

①

②

③

3 여러분은 어떻게 청혼하고 싶어요? 아니면 어떻게 청혼을 받고 싶어요? 친구와 이야기해 보세요.

문법 3

1 다음을 읽어 보세요. 추측을 나타내는 표현을 찾아 모두 밑줄을 그어 보세요. 그리고 그림에 맞는 표현도 찾아보세요.

안나가 정장을 입고 학교에 왔다. 얼마 전에 들어가고 싶은 회사에 지원했다고 들었는데 오늘 면접을 보는 모양이다. 평소에 잘 웃던 안나가 오늘은 잘 웃지 않는다. 벌써부터 많이 긴장되는 모양이다. 하지만 평소의 안나를 생각하면 면접 준비도 잘했을 것 같다. 안나에게 좋은 결과가 있었으면 좋겠다.

2 어떤 상황으로 미루어 어떤 일이 일어나거나 어떤 상태일 것이라고 추측할 때 어떻게 말해요? 다음 (1)과 (2)를 보세요. 그리고 대화를 듣고 따라 해 보세요. 31

A 진차오는 왜 약을 먹고 있을까요?

B 약을 먹는 걸 보니까 허리가 아픈 모양이에요.

A 그럼 안나는 왜 휴대 전화만 보고 있을까요?

B 안나가 면접을 봤다고 했는데 면접 결과의 연락을 기다리는 모양이에요.

A-은 모양이다/ㄴ 모양이다
V-은 모양이다/ㄴ 모양이다, -는 모양이다, -을 모양이다/ㄹ 모양이다

'-(으)ㄴ/는/(으)ㄹ 모양이다'는 형용사, 동사, '이다'와 함께 쓰여 어떤 상황으로 미루어 어떤 일이 일어나거나 어떤 상태일 것이라고 추측함을 나타낸다.

예) 저 옷 가게가 사람들로 붐비는 걸 보니까 옷이 싸고 예쁜 모양이에요.
위칭이 성적표를 보면서 웃고 있어요. 시험을 잘 본 모양이에요.
다샤가 요리 재료를 많이 샀네요. 저녁에 손님이 오시는 모양이에요.
엘렌이 옷을 갈아입는 걸 보니까 곧 외출할 모양이에요.

3 **2**의 (3)~(6)을 보고 '-(으)ㄴ/는/(으)ㄹ 모양이다'를 사용해 말해 보세요.

4 다음을 보고 '-(으)ㄴ/는/(으)ㄹ 모양이다'를 사용해 서로 이야기해 보세요. 그리고 새 대화도 만들어 보세요.

김민지 선생님의 수업이
학생들에게 인기가 많네요.

그 선생님의 수업이 정말
재미있는 모양이에요.

(1) 김민지 선생님의 수업이 학생들에게 인기가 많네요.

(2) 갑자기 하늘이 흐려지네요.

(3) 올리버는 또 영화를 보러 가네요.

(4) 다샤와 마테오가 오늘은 인사도 안 하네요.

(5)

(6)

듣고 쓰기

1 다음을 보고 유나와 상우가 무엇에 대해 이야기하고 있는지 말해 보세요.

2 다음은 강아지가 처음 온 날에 대한 대화예요. 잘 듣고 물음에 답해 보세요. 32

(1) 대화를 잘 들으세요. 들은 내용 중 중요한 것을 메모해 보세요.

(2) 다시 대화를 듣고 물음에 답해 보세요.

1) 상우는 사진을 보고 유나 아버지에 대해 뭐라고 했어요?

2) 상우에 대한 내용으로 맞지 않는 것을 골라 보세요.

①

②

③

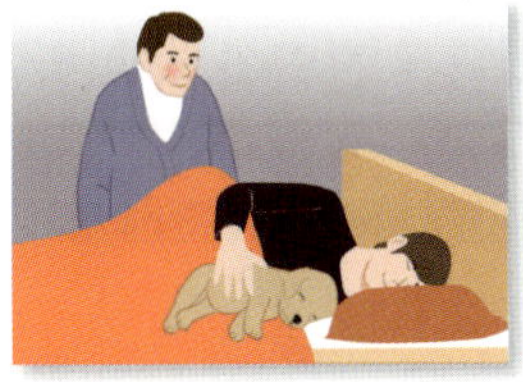

3) 유나와 상우는 어떤 약속을 했어요?

(3) 한 번 더 들으세요. 들으면서 잘못 들었거나 새롭게 들은 내용을 (1)에 추가해 써 보세요.

3 3~4명씩 모여서 **2**의 내용을 바탕으로 글을 써 보세요.

(1) **2**의 (1)을 서로 비교하면서 같은 것과 다른 것이 무엇인지 확인해 보세요.

(2) **2**의 내용을 '-(으)ㄴ/는/(으)ㄹ 모양이다'와 '-아/어 있다'를 사용해 6~7문장의 글로 완성해 보세요.

유나는 어제 강아지가 온 지 1년이 되는 날이라서 축하 파티를 했어요. ________

(3) (2)의 내용과 표현이 맞는지 165쪽의 듣기 지문과 비교해 보세요.

읽고 말하기

1 다음은 진영이 찍은 동영상이에요. 무엇을 찍고 있는지 다음을 보고 말해 보세요.

2 다음은 진영이 찍은 동영상에 넣을 자막이에요. 글을 읽고 다음에 메모해 보세요.

오늘은 제가 너무 사랑하는 우리 언니의 결혼식입니다. 웨딩드레스를 입고 앉아 있는 언니가 꽃보다 아름답습니다. 친구들과 이야기하면서 웃고 있는 언니가 정말 행복해 보입니다.

그다음으로 만날 사람은 또 다른 주인공인 우리 형부입니다. 아주 멋진 양복을 입고 부모님과 같이 손님을 맞이하고 있습니다. 언니와 다르게 형부는 웃지 않는 걸 보니까 긴장한 모양입니다.

마지막으로 여기는 오늘 결혼식을 올릴 결혼식장인데 저쪽에 사회자가 서 있습니다. 무슨 말을 하는지 들을 수 없지만 계속 혼자 말하는 걸 보니까 사회 볼 내용을 연습하는 모양입니다. 오늘 언니 결혼식이 기대됩니다.

이날은 무슨 날이에요?	
어떤 장면을 찍었어요?	
그 장면을 보고 무엇을 느꼈어요?	

3 다음은 특별한 경험에 대한 것이에요. 다음 중 하나를 골라 메모하면서 이야기를 만들어 보세요.

이날은 무슨 날이에요?	
어떤 장면을 찍었어요?	
그 장면을 보고 무엇을 느꼈어요?	

4 2명씩 모이세요. **3**의 메모를 보고 다음과 같이 말해 보세요. 그리고 다른 친구들의 질문에 답해 보세요.

A 몇 달 전에 언니가 결혼했는데 언니에게 선물로 주고 싶어서 결혼식 장면을 동영상으로 남겼어요. 영상에서 웃고 있는 언니 모습을 보니까 행복한 모양이에요. …… 그래서 저에게 언니 결혼식은 잊지 못할 날이 됐어요.

B 잘 들었어요. 언니에게도 동영상이 기억에 남을 것 같아요. 언니는 그 동영상을 보고 뭐라고 했어요?

5 각 팀에서 제일 흥미 있는 이야기를 골라 발표해 보세요.

3 택시가 오토바이와 부딪혔어요

어휘와 표현 2

1 다음은 사건과 사고에 대한 표현이에요. 소리 내 읽어 보세요. 그리고 의미를 알아보세요.

(1)

불이 **켜졌어요**

(2)

물이 **쏟아졌어요**

(3)

책이 **떨어졌어요**

(4)

나무가 **쓰러졌어요**

(5)

옷장이 **부서졌어요**

(6)

종이가 **찢어졌어요**

(7)

텔레비전이 **꺼졌어요**

(8)

자동차 유리가 **깨졌어요**

2 다음 대화를 듣고 **1**의 표현을 사용해 문장을 완성해 보세요. 33

(1) 방의 불이 갑자기 ______________________________.

(2) 커피가 ______________________________ 옷에 얼룩이 생겼어요.

(3) 밖에서 던진 돌에 창문이 ______________________________ 소리가 났어요.

(4) 옷걸이에 옷을 너무 많이 걸어서 옷걸이가 ______________________________.

(5) 의자가 ______________________________ 더 이상 의자를 사용할 수가 없어요.

3 **1**의 표현을 사용해 친구와 이야기해 보세요.

(1) 태풍이 왔을 때 집 밖의 모습은 어땠어요? 지진이 났을 때 집 안의 모습은 어땠어요?

(2) 또 언제 이런 일을 경험했어요? 그때 주변의 모습은 어땠어요?

문법 4

1 문은 어떻게 열면 돼요? 다음 대화를 듣고 알맞은 것을 골라 보세요. 34

(1)

(2)

2 다른 것에 의해 어떤 동작이 이루어질 때 어떻게 말해요? 다음 대화를 듣고 따라 해 보세요. 35

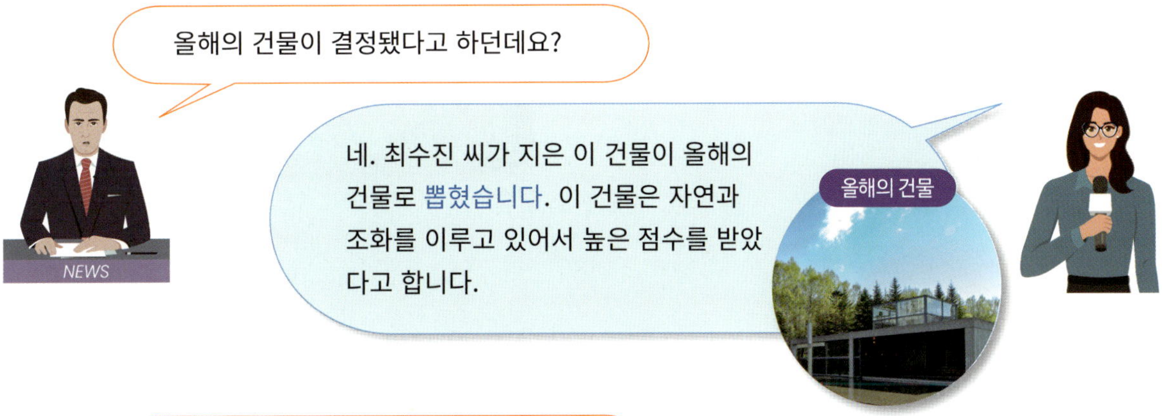

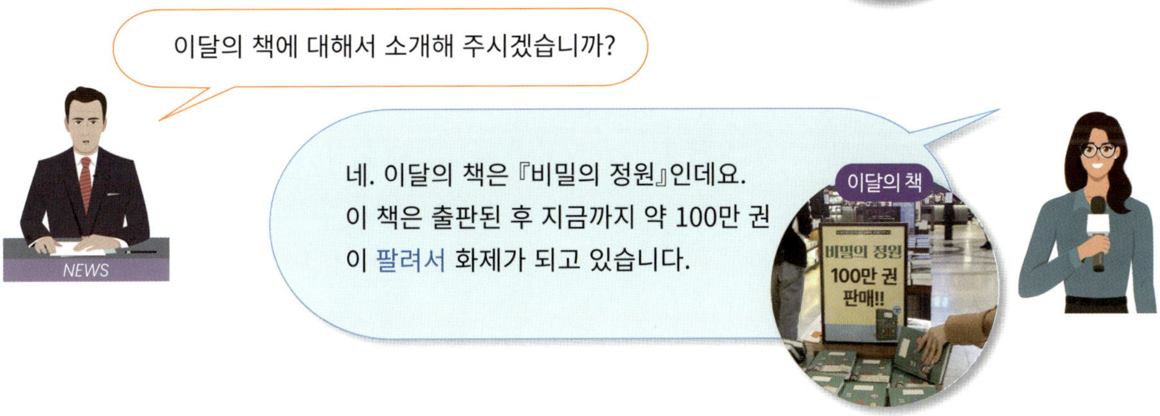

피동사

'피동사'는 다른 사람이나 동물, 사물에 의해 이루어지는 동작을 나타낸다. 목적어를 필요로 하는 일부 동사에 '이, 히, 리, 기'를 붙여 피동사를 만든다.

예) 스트레스가 쌓이면 건강에 좋지 않아요.
지진 때문에 집이 흔들려서 놀랐어요.
친구가 고향으로 돌아간 후에 연락이 끊겼어요.

-이-	놓이다, 묶이다, 바뀌다, 보이다, 섞이다, 쌓이다, 쓰이다, 치이다 등
-히-	꽂히다, 닫히다, 막히다, 밟히다, 부딪히다, 뽑히다, 읽히다, 잡히다 등
-리-	걸리다, 들리다, 물리다, 밀리다, 열리다, 팔리다, 풀리다, 흔들리다 등
-기-	끊기다, 빼앗기다, 안기다, 쫓기다 등

3 다음 질문에 알맞은 사진은 무엇이에요? '피동사'를 사용해 말해 보세요.

(1) 다리가 왜 그래요?

(2) 이마는 왜 다쳤어요?

(3) 몇 월에 영화제가 시작돼요?

(4) 지금 은행에 가면 왜 안 돼요?

(5) 경찰이 왜 저 사람을 잡았어요?

(6) 약속 시간이 다 됐는데 왜 안 가요?

A 다리가 왜 그래요?

B 강아지한테 다리를 물렸어요.

4 다음을 보고 '피동사'를 사용해 서로 묻고 답해 보세요. 그리고 새 대화도 만들어 보세요.

방금 무슨 소리를 들었죠?

네. 이상한 소리가 들렸어요.

(1) 방금 무슨 소리를 들었죠?

(2) 엘렌이 이 책을 지금 책장에 꽂았어요?

(3) 안나 씨 집에서 한강을 볼 수 있어요?

(4) 엘리베이터 안이라서 일부러 전화를 끊었어요?

(5)

(6)

말하기

학교 앞에서 교통사고를 직접 봤어요. 교통사고가 일어난 상황을 묻는 친구에게 사고 장면을 설명하는 역할극을 해 보세요.

1 다음은 역할극의 상황이에요. 다음을 보고 어떤 상황인지 친구와 이야기해 보세요.

엘렌은 오늘 학교 앞에서 일어난 교통사고에 대해 이야기를 들었어요. 이 사고를 직접 본 올리버에게 엘렌이 교통사고에 대해 물어봐요. 그리고 올리버는 자신이 본 교통사고에 대해 이야기해요.

(1) 여러분은 사고에 대해 설명을 요청하거나 사고 장면을 자세히 설명할 때 어떻게 말해요? 이때 사용하는 표현을 써 보세요. 그리고 올리버와 엘렌이 되어 역할극을 해 보세요.

기능	표현
사고에 대해 설명 요청하기	
사고 장면 자세히 설명하기	

올리버

① 엘렌에게 아침에 교통사고를 봤다고 이야기하세요.

① 올리버에게 교통사고에 대해 설명을 요청하세요.

② 올리버가 목격한 교통사고 장면에 대해 물어보세요.

② 엘렌에게 교통사고 장면에 대해 자세히 설명하세요.

엘렌

(2) (1)에서 만든 대화에 대해 말해 보세요.

여러분은 사고에 대해 설명을 요청할 때
어떻게 말했어요?

사고 장면을 자세히 설명할 때
어떻게 말했어요?

2 사고에 대해 설명을 요청할 때와 사고 장면을 자세히 설명할 때 어떻게 말하는지 알아보세요.

(1) 사고에 대해 설명을 요청할 때 어떻게 표현할까요?

사고에 대해 설명 요청하기

A 학교에 오다가 그 교통사고를 직접 봤어요.

B
- 네? 직접 봤어요? 본 걸 좀 더 이야기해 보세요.
- 정말요? 무슨 일이 있었는지 자세히 이야기해 보세요.
- 뭐라고요? 어떻게 하다가 사고가 났는지 이야기해 줄 수 있어요?

(2) 사고 장면을 자세히 설명할 때 어떻게 표현할까요?

사고 장면 자세히 설명하기

A 그다음에는 어떻게 됐어요?

B
- 차가 멈추는 소리가 나서 돌아봤는데 택시와 오토바이가 부딪혔어요.
- 차가 멈추는 소리가 들려서 뒤를 보니까 택시와 오토바이가 충돌했어요.
- 갑자기 차가 급하게 멈추는 소리가 들려서 뒤를 돌아보니까 조금 전에 본 그 택시가 오토바이와 부딪혔어요.

+ 더 알아보기

V-아지다/어지다

'-아/어지다'는 동사와 함께 쓰여 어떤 행위가 저절로 또는 다른 상황 때문에 일어나게 되거나 이미 그러한 상태가 됨을 나타낸다.

예) 가방 안에 들어 있던 물건이 바닥에 쏟아졌어요.
옷에 묻은 얼룩이 잘 안 지워져요.
면접이 다음 주 금요일로 정해졌어요.

3 다음 대화를 들은 후 읽어 보세요. 그리고 대화 내용과 순서를 알아보세요. 36

사고에 대해 설명 요청하기

엘렌 올리버 씨, 오늘 아침에 학교 앞에서 교통사고가 났대요.

올리버 맞아요. 저는 학교에 오다가 그 교통사고를 직접 봤어요.

엘렌 정말요? 무슨 일이 있었는지 이야기해 보세요.

목격한 사고 장면 자세히 설명하기

올리버 아침에 제가 횡단보도를 건너려고 서 있었는데요. 저쪽에 택시 한 대가 오는 게 보였어요. 그런데 바로 신호등이 파란불로 바뀌어서 저는 길을 건넜어요.

엘렌 그다음에는 어떻게 됐어요?

올리버 갑자기 차가 급하게 멈추는 소리가 들려서 뒤를 돌아보니까 조금 전에 본 그 택시가 오토바이와 부딪혔어요.

사고 난 후의 상황을 추측하고 답하기

엘렌 오토바이도 부서지고 오토바이에 탄 사람도 많이 다쳤겠어요. 택시 운전 기사는 괜찮았어요?

올리버 네. 많이 다치지 않았어요. 그런데 아침에 이런 일이 일어나서 저도 깜짝 놀랐어요.

4 다음 대화 상황과 역할을 읽고 **2**와 **3**에서 배운 것을 활용해 사람 1과 사람 2가 되어 역할극을 해 보세요.

사람1

사람 2에게 전화해서 사람 2가 사는 곳에 일어난 지진에 대해 이야기하세요. 사람 2에게 설명을 요청하고 지진이 난 상황을 계속 물어보세요. 그리고 지진으로 사람 2가 어땠을지 상황을 추측해 물어보세요.

사람2

학교에 가려고 준비하고 있는데 지진이 났어요. 사람 1에게 지진이 났을 때 집이 심하게 흔들렸다고 말하세요. 그리고 집 안이 어떻게 됐는지 자세히 이야기하세요. 그리고 사람 1의 추측에 대해 대답하세요.

<지진 전>

<지진 후>

5 친구와 같이 만든 역할극을 발표해 보세요.

읽고 쓰기

1 다음은 루이즈의 생일 파티에 대한 글이에요. 글을 읽고 세 번째 단락에서 생일 파티 장소를 묘사한 부분을 찾아 밑줄을 그어 보세요.

행복한 하루

오늘은 한국에 와서 처음 맞는 내 생일이다. 그동안 바빠서 친구들에게 내 생일에 대한 이야기를 못 했다. 그런데 갑자기 위칭이 전화해서 저녁에 자기 집으로 놀러 오라고 했다.

위칭의 집에 도착해서 벨을 누르니까 문이 열렸다. 위칭이 들어오라고 해서 안으로 들어갔는데 불이 꺼져서 방 안이 잘 보이지 않았다. 그때 갑자기 불이 켜지고 친구들이 생일 축하한다고 말하면서 박수를 쳤다. 친구들이 나를 위해 깜짝 생일 파티를 준비한 것이었다.

방 안을 보니까 벽에 풍선이 장식되어 있었고 '루이즈, 생일 축하해.'라는 글이 붙어 있었다. 나는 고마워서 눈물이 났다. 그리고 꽃병에 장미꽃 여러 송이가 꽂혀 있었는데 내가 장미꽃을 좋아하는 것을 알고 친구들이 준비한 모양이었다. 그 옆에는 음식과 케이크가 놓여 있었는데 음식이 정말 맛있어 보였다.

친구들은 나에게 생일 축하 노래를 불러 주고 나서 선물도 주었다. 친구들에게 생일을 어떻게 알았냐고 물어보니까 수업 시간에 내가 말한 것을 듣고 기억했다고 했다. 우리는 맛있는 음식도 먹고 이야기도 나누면서 즐거운 시간을 보냈다. 정말 행복한 하루였다. 오늘을 잊지 못할 것 같다.

2 위의 글을 다시 읽은 후에 세 번째 단락에서 처음에 밑줄 친 부분이 파티 장소를 묘사한 내용이 맞는지 확인해 보세요. 그리고 찾은 내용을 써 보세요.

장소를 묘사한 내용
•
•
•

3 다음을 읽고 물음에 답해 보세요.

(1) 루이즈에 대한 내용으로 알맞은 것을 골라 보세요.

① 오늘은 루이즈가 한국에서 보낸 첫 번째 생일이었다.
② 루이즈는 바빠서 친구들의 생일을 잊어버렸다.
③ 루이즈는 오늘 위칭을 만나기로 미리 약속했다.

(2) 위칭의 집에서 일어난 일에 대한 내용으로 맞지 않는 것을 골라 보세요.

① 

② 

③ 

(3) 생일 파티에 대한 내용으로 알맞은 것을 골라 보세요.

① 루이즈는 친구들이 생일 축하 노래를 불러 줘서 눈물이 났다.
② 친구들은 루이즈가 좋아하는 꽃을 파티 장소에 준비해 주었다.
③ 루이즈는 친구들과 같이 맛있는 음식도 만들어서 나눠 먹었다.

(4) 친구들은 어떻게 루이즈의 생일을 알았어요? 써 보세요.

4 기억에 남는 생일 파티 장소를 묘사하는 글을 쓰려고 해요.

(1) 여러분의 생각을 써 보세요.

어디에서 생일 파티를 했습니까?	
생일 파티 장소는 어땠습니까?	
생일 파티에서 무엇을 했습니까?	

(2) (1)을 바탕으로 기억에 남는 생일 파티 장소를 묘사하는 글을 써 보세요.

어휘와 표현 확인

의미를 아는 어휘나 표현에 √표 해 보세요.

1 졸업식에 사람들이 많이 와 있었어요

- □ 대회에 나가다
- □ 예선을 통과하다
- □ 청혼을 받다
- □ 마음을 표현하다
- □ 결혼식을 올리다
- □ 수료식에 참석하다
- □ 그래도
- □ 껌을 씹다
- □ 반복하다
- □ 밑줄을 긋다
- □ 사전
- □ 추측하다
- □ 색깔
- □ 연예인
- □ 대회장
- □ 게시판
- □ 포스터
- □ 숨다
- □ 쓰레기통
- □ 비다
- □ 물병
- □ 얼다
- □ 숙박비
- □ 교통비
- □ 사연
- □ 결혼기념일
- □ 남편
- □ 서로
- □ 평생
- □ 주머니
- □ 떨리다
- □ 흥미롭다
- □ 연결

2 한국에 처음 와서 긴장한 모양이에요

- □ 긴장되다
- □ 안다
- □ 데리다
- □ 사랑하다
- □ 웨딩드레스
- □ 형부
- □ 맞이하다
- □ 결혼식장

3 택시가 오토바이와 부딪혔어요

- □ 켜지다
- □ 쏟아지다
- □ 떨어지다
- □ 쓰러지다
- □ 부서지다
- □ 찢어지다
- □ 꺼지다
- □ 깨지다
- □ 유리
- □ 돌
- □ 옷걸이
- □ 전기가 나가다
- □ 부딪히다
- □ 지진이 나다
- □ 결정되다
- □ 점수
- □ 이달
- □ 출판되다
- □ 화제가 되다
- □ 시속
- □ 영화제
- □ 엘리베이터
- □ 충돌하다
- □ 운전기사
- □ 풍선
- □ 장식되다
- □ 꽃병
- □ 장미꽃
- □ 송이
- □ 케이크

10 단원 음식과 생활

소단원 1
- 요리 방법에 대한 어휘와 표현 익히기
- V-(으)ㄹ 줄 알다
  A/V-거든
- 요리 방송 듣기

소단원 2
- A/V-아/어도
- 시장의 유명한 음식에 대한 대화 듣고 쓰기
- 특별할 때 생각나는 음식에 대해 읽고 말하기

소단원 3
- 맛과 먹는 방법에 대한 어휘와 표현 익히기
- A/V-기는 하다
- 식당에서 음식 주문하기
- 먹는 방법이 다른 각 나라의 음식 재료에 대한 소개의 글 읽고 쓰기

다음 대화를 듣고 A, B, C 중에서 알맞은 사진을 찾아 써 보세요.

1. (   )
2. (   )
3. (   )

37

1 싱겁거든 소금을 좀 넣으세요

어휘와 표현 1

1 다음은 요리 방법에 대한 표현이에요. 소리 내 읽어 보세요. 그리고 의미를 알아보세요.

(1)

국을 떠요

(2)

죽을 퍼요

(3)

마늘을 까요

(4)

국을 저어요

(5)

채를 썰어요

(6)

과일을 깎아요

(7)

고기를 건져요

(8)

파를 다듬어요

2 1의 표현을 다음에 써 보세요. 그리고 여러분이 알고 있는 다른 표현도 써 보세요.

국자

예 국을 떠요.

______

______

칼

______

______

______

3 2의 표현을 사용해 친구와 이야기해 보세요.

(1) 여러분은 음식을 만든 적이 있어요? 어떤 도구로 어떻게 해 봤어요?

(2) 여러분 나라의 음식을 만들 때 주로 어떻게 요리해요?

문법 1

1 진영은 김치전을 만들 수 있어요? 다음 대화를 듣고 알맞은 것을 골라 보세요. 38

(1)

(2)

2 어떤 일을 하는 방법을 아는지 물어볼 때 어떻게 말해요? 다음 대화를 듣고 따라 해 보세요. 39

A 올리버 씨, 한자도 읽을 줄 알아요?

B 네. 간단한 건 읽고 쓸 줄 알아요.
호주에서 공부한 적이 있어요.

A 정말요? 전 하나도 읽을 줄 모르는데
정말 대단해요.

V-을 줄 알다/ㄹ 줄 알다

'-(으)ㄹ 줄 알다'는 동사와 함께 쓰여 어떤 일을 할 능력이 있는지 또는 방법을 아는지 말할 때 사용된다. '-(으)ㄹ 줄 알다'의 부정형은 '-(으)ㄹ 줄 모르다'이다.

예) 저는 현금인출기에서 돈을 찾을 줄 알아요.
진영은 일본에 1년 산 적이 있어서 일본어를 할 줄 알아요.
마테오는 인터넷으로 중고 가구를 사고팔 줄 몰라요.

3 진차오와 조슈아가 할 줄 아는 것이 뭐예요? 학생 A와 B가 되어 '-(으)ㄹ 줄 알다/모르다'를 사용해 말해 보세요. 그리고 친구의 대답을 듣고 √표 해 보세요.

학생 A

학생 B p.154 >

[진차오] 질문하세요!

(1) 바둑을 두다 ☑ 네 ☐ 아니요
(2) 오토바이를 타다 ☐ 네 ☐ 아니요
(3) 과일을 예쁘게 깎다 ☐ 네 ☐ 아니요
(4) 종이로 비행기를 접다 ☐ 네 ☐ 아니요

[조슈아] 대답하세요!

(5)

(6)

A 진차오 씨는 바둑을 둘 줄 알아요?
B 네. 바둑을 둘 줄 알아요.

(7)

(8)

4 다음을 보고 여러분이 할 줄 아는 것에 √표 하세요. '-(으)ㄹ 줄 알다/모르다'를 사용해 서로 묻고 답해 보세요. 그리고 새 대화도 만들어 보세요.

운동 중에서 뭘 잘해요?

저는 수영할 줄 알아요. 그리고 골프도 칠 줄 알아요. 그런데 말은 못 타요. 탈 줄 몰라요.

		할 줄 아는 것		
(1)	운동	☐ 말 타기	☑ 수영하기	☑ 골프 치기
(2)	요리	☐ 잡채 만들기	☐ 라면 끓이기	☐ 김치 담그기
(3)	악기	☐	☐	☐
(4)	인터넷	☐	☐	☐
(5)		☐	☐	☐
(6)		☐	☐	☐

문법 2

1 다음을 읽어 보세요. 어떤 일을 가정하거나 어떤 일의 조건을 말할 때 사용하는 표현을 찾아 모두 밑줄을 그어 보세요. 그리고 사진에 맞는 표현도 찾아보세요.

< 4

올리버: 쇼타, 지난번에 이사 도와줘서 고마워.

쇼타: 별말을. 짐 정리는 다 됐어?

올리버: 아직 좀 남았어. 집 정리되거든 우리 집에 놀러 와.

쇼타: 응. 나중에 시간 되면 연락해. 그리고 필요한 게 있거든 이야기해. 사 갈게.

2 다른 사람의 상황을 가정하거나 어떤 일의 조건을 말할 때 어떻게 말해요? 다음 대화를 듣고 따라 해 보세요. 40

A 루이즈 씨, 갈비탕이 좀 싱겁지 않아요?

B 그래요? 싱겁거든 여기 소금을 넣어 보세요.

A 다샤 씨, 내일 조슈아를 만나죠?

B 네. 그런데 왜요?

A 조슈아를 만나거든 이 책 좀 전해 주세요.

A/V-거든

'-거든'은 형용사, 동사, '이다'와 함께 쓰여 앞의 내용이 뒤의 내용에 대해 조건이나 가정임을 나타낸다.

예) 머리가 계속 아프거든 이 두통약을 먹어 봐요.
얘들아, 아빠가 오시거든 공원에 자전거 타러 가자.
점심을 안 먹었거든 저랑 같이 점심 먹으러 갈래요?

3 다음 상황에 알맞은 그림은 무엇이에요? '-거든'을 사용해 말해 보세요.

(1) 약을 먹었는데 기침을 계속해요.

(2) 모기에 물려서 다리가 가려워요.

(3) 일이 많아서 혼자 하기 힘들어요.

(4) 일찍 침대에 누웠는데 잠이 잘 안 와요.

(5) 멀리 여행을 가고 싶은데 방학이 짧아요.

(6) 학생 식당이 주말에도 문을 여는지 알고 싶어요.

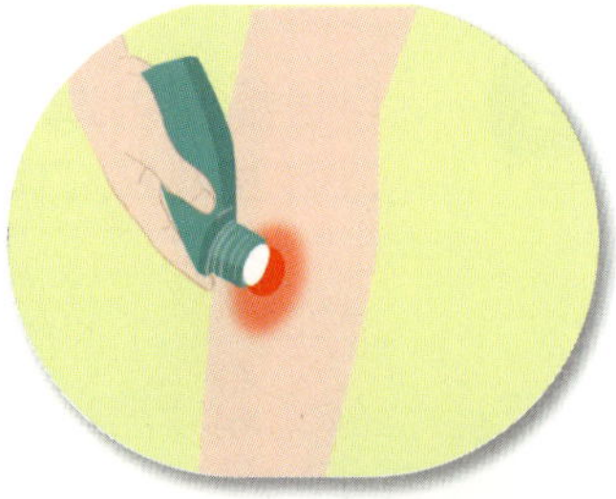

A 약을 먹었는데 기침을 계속해요.

B 그래요? 기침을 계속하거든 병원에 한번 가 보세요.

4 다음을 보고 '-거든'을 사용해 서로 묻고 답해 보세요. 그리고 새 대화도 만들어 보세요.

쇼타가 10분 정도 늦는다는데
기다렸다가 음식을 시킬까요?

네. 쇼타가 오거든 시켜요.

(1) 쇼타가 10분 정도 늦는다는데 기다렸다가 음식을 시킬까요?

(2) 밖에 비가 많이 내리는데 우리 언제 출발할까요?

(3) 그 식당에 갔는데 기다리는 사람이 많으면 어떻게 하지?

(4) 밥 먹고 운전하니까 좀 졸린데 저기 휴게소에서 잠깐 쉴까요?

(5)

(6)

듣기

1 다음은 오징어로 만든 음식이에요. 이 음식은 오징어로 어떻게 만들까요?

2 다음은 요리 방송이에요. 잘 듣고 물음에 답해 보세요.

41

(1) 오징어에 대해 들은 내용으로 알맞은 것을 골라 보세요.

① 요즘 오징어가 잘 잡히는 때라서 마트에 많아요.
② 싱싱한 오징어는 씻으면 색이 다른 색으로 변해요.
③ 오징어는 종류에 따라서 흰 것도 있고 검은 것도 있어요.

(2) 오징어볶음의 재료 준비로 맞지 <u>않는</u> 것을 골라 보세요.

① 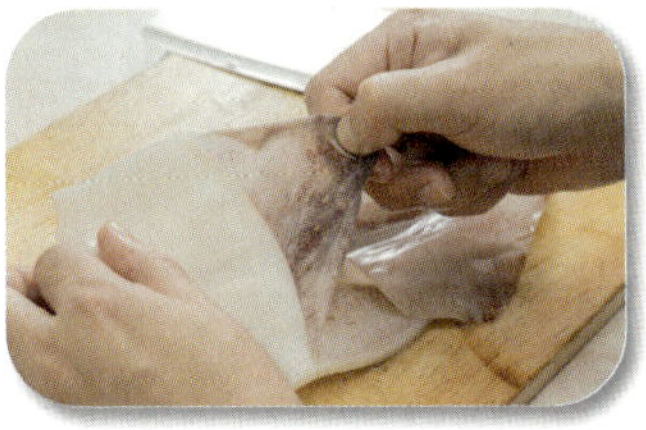 ②  ③ 

(3) 오징어볶음을 만드는 순서대로 번호를 써 보세요.

- 오징어를 넣고 볶아요. (　　　　　)
- 채소를 센불에 볶아요. (　　　　　)
- 물을 프라이팬에 조금 부어요. (　　　　　)
- 오징어에 양념을 넣고 섞어요. (　　　　　)
- 파를 넣어서 파 기름을 만들어요. (　　　　　)

3 여러분은 한국 음식 중 오징어로 만든 음식을 먹어 본 적이 있어요? 어떤 음식이었어요? 친구와 이야기해 보세요.

문법 3

1 **다음을 읽고 색칠한 부분이 어떤 의미일지 추측해 보세요.**

동생이 고향에서 내가 좋아하는 과자를 보냈다고 해서 기다리고 있다. 고향에서 소포를 보내면 한국까지 2주 정도 걸리는데 이번에는 한 달이 넘어도 소포가 도착하지 않았다. 그래서 오늘은 우체국에 전화해서 알아보려고 한다.

2 **어떤 일에 대해 기대한 것이 뒤의 상황에 영향을 주지 못할 때 어떻게 말해요? 다음 대화를 듣고 따라 해 보세요.** 42

A 오늘도 회의 준비 때문에 점심을 못 먹었어요.

B 정말요? 아무리 일이 많아도 밥은 꼭 챙겨 드세요. 안 그러면 병나요.

A 이 방은 왜 이렇게 어두워요?

B 어제부터 전기 스위치를 켜도 불이 안 들어와요. 고장 난 거 같아요.

A/V-아도/어도

'-아/어도'는 동사나 형용사, '이다'와 함께 쓰여 말하는 사실이나 가정에 대해 기대하는 것이 뒤의 상황에 영향을 주지 못할 때 사용된다.

예) 저는 아무리 피곤해도 아침 운동을 꼭 해요.
이 책은 어려워서 여러 번 읽어도 내용을 잘 모르겠어요.
이 수학 문제는 아무리 똑똑한 사람이어도 풀지 못할 거예요.

3 다음을 보고 '-아/어도'를 사용해 말해 보세요.

(1)

매일 방을 청소하다

(2)

남자 친구하고
결혼할 거다

(3)

어제 친구가
약속에 오지 않았다

(4)

카페에서 공부에
집중할 수 있다

(5)

안나한테 비밀
이야기를 안 했다

(6)

그 집이 학교까지 한 시간
걸리는데 이사하고 싶다

A 매일 방을 청소해요?

B 네. 피곤해도 매일 청소해요.

4 다음을 보고 '-아/어도'를 사용해 서로 이야기해 보세요. 그리고 새 대화도 만들어 보세요.

아침에 항상 일찍 일어나는군요.

네. 저는 아무리 늦게 자도
아침에 항상 일찍 일어나요.

	꼭 하는 일	상황
(1)	아침에 항상 일찍 일어나다	늦게 자다
(2)	크리스마스엔 가족을 만나러 집에 가다	비행기표가 비싸다
(3)	언제나 아이스커피를 마시다	
(4)	주말마다 자전거 동호회에 꼭 나가다	
(5)		
(6)		

듣고 쓰기

1 다음을 보고 진차오와 루이즈가 무엇에 대해 이야기하고 있는지 말해 보세요.

2 다음은 루이즈가 광장시장에 간 일에 대한 대화예요. 잘 듣고 물음에 답해 보세요. 43

(1) 대화를 잘 들으세요. 들은 내용 중 중요한 것을 메모해 보세요.

(2) 다시 대화를 듣고 물음에 답해 보세요.

1) 루이즈는 광장시장에 가서 무엇을 했어요?

2) 칼국수와 만두가 맛있다고 말한 이유는 뭐였어요?

3) 진차오가 하고 싶은 일로 알맞은 것을 골라 보세요.

①

②

③

(3) 한 번 더 들으세요. 들으면서 잘못 들었거나 새롭게 들은 내용을 (1)에 추가해 써 보세요.

3 3~4명씩 모여서 **2**의 내용을 바탕으로 글을 써 보세요.

(1) **2**의 (1)에 메모한 것을 서로 비교하면서 같은 것과 다른 것이 무엇인지 확인해 보세요.

(2) **2**의 내용을 '-거든'과 '-아/어도'를 사용해 6~7문장의 글로 완성해 보세요.

루이즈는 진차오에게 토요일에 친구들과 같이 간 광장시장에 대해 이야기하고 있어요. ____________

(3) (2)의 내용과 표현이 맞는지 169쪽의 듣기 지문과 비교해 보세요.

읽고 말하기

1 다음은 엘렌이 한국에서 먹은 음식에 대한 것이에요. 그 음식은 무엇이고, 언제 먹었는지 다음을 보고 말해 보세요.

2 다음은 특별할 때 생각나는 음식에 대해 쓴 글이에요. 글을 읽고 다음에 메모해 보세요.

한국에 처음 왔을 때 나는 한국어를 할 줄 몰랐다. 그래서 수업 시간에 선생님 말씀을 아무것도 이해하지 못해 스트레스를 받았었다. 그래서 나는 유나에게 내 고민을 말했는데 유나는 점점 좋아질 거라고 위로를 해 주었다. 그리고 스트레스가 쌓였을 때는 매운 음식을 먹어야 한다고 하면서 떡볶이를 먹으러 가자고 했다. 나는 매운 음식을 잘 못 먹었지만 유나와 같이 가 보기로 했다.

다음 날 유나와 같이 유나가 잘 아는 떡볶이 집에 갔다. 우리는 거기서 매운맛 5단계 중 네 번째로 매운 떡볶이를 시켰다. 그 떡볶이는 정말 매웠는데 매워도 맛있어서 나는 땀을 뻘뻘 흘리면서 다 먹었다. 그런데 이상하게 떡볶이를 먹고 나서 기분도 한결 좋아지고 스트레스도 풀린 것 같았다. 그 매운맛에 이상한 힘이 있는 것 같았다. 그다음부터 매운맛 떡볶이는 스트레스가 쌓였을 때마다 스트레스를 풀어 주는, 나에게 특별한 음식이 되었다.

음식 이름은 뭐예요?	
그 음식과 관련해서 어떤 일이 있었어요?	
언제 그 음식이 생각나요?	

3 여러분은 특별할 때 생각나는 음식이 있어요? 그 음식에 대해 메모하면서 이야기를 만들어 보세요.

그 음식 이름은 뭐예요?

그 음식과 관련해서
어떤 일이 있었어요?

언제 그 음식이 생각나요?

4 3~4명씩 모이세요. **3**의 메모를 보고 다음과 같이 말해 보세요. 그리고 다른 친구들의 질문에 답해 보세요.

A 저는 스트레스가 쌓였을 때 생각나는 음식이 떡볶이예요. 한국에 처음 왔을 때 한국어를 하나도 할 줄 몰라서 힘들었어요. …… 그다음부터 스트레스가 쌓였을 때는 떡볶이가 생각나요.

B 잘 들었어요. 떡볶이가 매워도 땀을 흘리면서 먹으니까 스트레스가 풀렸군요. 그런데 한국에 오기 전에는 스트레스가 쌓였을 때 무슨 음식을 먹었어요?

5 각 팀에서 제일 흥미 있는 이야기를 골라 발표해 보세요.

+ 더 알아보기

아무 N이나/나, 아무 N도

'아무 N(이)나'는 명사와 함께 쓰여 어떤 것을 특별히 지정하지 않고 가리킬 때 사용된다. '아무 N도'도 명사와 함께 쓰이며 주로 뒤에 '않다', '없다', '못'과 같은 부정적인 말과 함께 전체를 부정할 때 사용된다. 사람의 경우에는 '아무나', '아무도', 사물은 '아무거나', '아무것도', 장소는 '아무 데나', '아무 데도' 등으로 쓰인다.

예) 주말에 시간이 있는 사람 아무나 연락 주시면 좋겠어요.
지금 배가 너무 고프니까 가까운 곳 아무 데서나 먹읍시다.
어제 배탈이 나서 아무것도 못 먹었어요.
이번 연휴에는 아무 약속도 안 하고 집에서 편히 쉬고 싶어요.

3 그 음식을 안 좋아하는 사람도 있기는 해요

어휘와 표현 2

1 다음은 음식의 맛과 먹는 방법에 대한 표현이에요. 듣고 따라 해 보세요. 그리고 의미를 알아보세요. 44

맛

(1)

튀김에 기름이 많아서
좀 **느끼해요.**

(2)

땅콩이 많이 들어가서
맛이 **고소해요.**

(3)

초콜릿이 **달콤해서**
커피하고 잘 어울려요.

먹는 방법

(4)

돈가스를 소스에
찍어 먹었어요.

(5)

후추를 **뿌리면**
더 맛있어요.

(6)

고기와 채소를 밥하고
비벼 먹어 보세요

2 다음 대화를 듣고 **1** 의 표현을 사용해 문장을 완성해 보세요. 45

(1) 위칭은 삼겹살이 ______________________ 못 먹겠다고 했어요.

(2) 쇼타는 닭고기 수프를 먹기 전에 후추를 ______________________ 한다고 말했어요.

(3) 케이크가 ______________________ 다샤는 계속 먹고 있어요.

(4) 올리버는 짜장면에 소스를 넣고 ______________________ 먹을 거예요.

(5) 참기름이 ______________________ 잡채가 더 맛있다고 말하고 있어요.

3 **1** 의 표현을 사용해 친구와 이야기해 보세요.

(1) 여러분이 좋아하는 음식은 어떤 맛이에요? 어떻게 해서 먹으면 더 맛있어요?

(2) 맛있는 음식을 먹기 위해 맛집을 찾아가 본 적이 있어요? 실제로 먹어 보니까 음식은 어땠어요?

문법 4

1 다음 대화를 듣고 질문에 알맞은 답을 골라 보세요. 46

(1) 올리버는 어제 반 모임에 갔어요?

① 가서 재미있게 놀았어요.
② 갔지만 오래 있지 못했어요.

(2) 엘렌이 간 식당은 어땠어요?

① 서비스, 음식, 가격 모두 좋았어요.
② 서비스는 좋았는데 음식 값이 비쌌어요.

2 어떤 일에 대해 인정하지만 그것에 대한 다른 의견을 덧붙여 말할 때 어떻게 말해요? 다음 대화를 듣고 따라 해 보세요. 47

A 안나 씨, 넘어져서 다친 데는 어때요?
B 아직 아프기는 해요. 하지만 처음보다 많이 좋아졌어요.

A 조슈아 씨, 옆 반에서 공부하는 마크 알아요?
B 마크요? 올리버 친구라서 알기는 하는데 친하지는 않아요.

A/V-기는 하다

'-기는 하다'는 형용사, 동사, '이다'와 같이 쓰여 어떤 일이나 상황에 대해 일부는 긍정하지만 일부는 다른 생각이나 의견도 있음을 나타낸다.

예) KTX가 고속버스보다 빠르기는 하지만 가격이 비싸서 저는 거의 안 타요.
그 사람이 작년에 한두 달 정도 우리 동아리에 나오기는 했어요.
요즘 시험 기간이긴 한데 잠깐 만날 시간은 있어요.

3 다음을 보고 '-기는 하다'를 사용해 말해 보세요.

(1)

한국어 공부가
재미있다

(2)

이 접시 디자인이
예쁘다

(3)

이 휴대 전화를
사고 싶다

(4)

오늘 밖에
바람이 불다

(5)

지금 사는 원룸이
깔끔하다

(6)

그 미용실은 머리를
잘 자르다

A 한국어 공부가 재미있죠?

B 네. 재미있기는 한데 한국어 말하기가 좀 어려워요.

4 다음을 보고 '-기는 하다'를 사용해 서로 묻고 답해 보세요. 그리고 새 대화도 만들어 보세요.

안나 씨, 피아노를 칠 줄 알지요?

네. 칠 줄 알기는 하지만
잘 치지는 못해요.

(1) 피아노를 칠 줄 알지요?

(2) 이 책 내용을 이해하기 어렵지요?

(3) 어제 놀이공원에 가서 재미있었지요?

(4) 지난주에 좋은 기타 학원을 소개받았지요?

(5)

(6)

말하기

식당에서 음식을 주문하려고 해요. 주문 전에 메뉴판에 있는 음식의 차이점과 음식의 맛에 대한 취향을 이야기하는 역할극을 해 보세요.

1 다음은 역할극의 상황이에요. 다음을 보고 어떤 상황인지 친구와 이야기해 보세요.

쇼타와 진영은 치킨을 먹으러 식당에 갔어요. 쇼타는 주문하기 전에 메뉴판에 있는 간장치킨과 불양념치킨을 몰라서 진영에게 두 음식의 차이점을 물어봐요. 그리고 음식의 맛에 대한 취향에 대해 서로 이야기하고 먹고 싶은 음식을 정해요.

(1) 여러분은 음식의 차이점에 대해 묻고 답하거나 음식의 맛에 대한 취향을 말할 때 어떻게 말해요? 이때 사용하는 표현을 써 보세요. 그리고 쇼타와 진영이 되어 역할극을 해 보세요.

기능	표현
음식의 차이점에 대해 묻고 답하기	
음식의 맛에 대한 취향 말하기	

① 진영에게 두 음식의 차이점에 대해 물어보세요.

쇼타

① 쇼타가 물은 두 음식의 차이점에 대해 답하세요.

② 진영에게 음식의 맛에 대한 취향을 물어보세요.

진영

② 쇼타가 물은 음식의 맛에 대한 자신의 취향을 답하세요.

(2) (1)에서 만든 대화에 대해 말해 보세요.

여러분은 음식의 차이점에 대해
묻고 답할 때 어떻게 말했어요?

음식의 맛에 대한 취향을 말할 때
어떻게 말했어요?

2 음식의 차이점에 대해 설명할 때와 음식의 맛에 대한 취향을 말할 때 어떻게 말하는지 알아보세요.

(1) 음식의 차이점에 대해 말할 때 어떻게 표현할까요?

음식의 차이점 말하기

A 간장치킨과 불양념치킨은 어떻게 달라요?

B
- 간장치킨은 간장, 설탕으로 양념한 건데 불양념치킨은 고춧가루하고 고추장으로 양념한 거예요.
- 간장치킨은 튀긴 후에 간장하고 설탕으로 양념한 거고 불양념치킨은 고춧가루하고 고추장으로 양념한 거예요.
- 간장치킨은 양념을 간장, 설탕으로 한 거지만 불양념치킨은 고춧가루, 고추장으로 한 거예요.

(2) 음식의 맛에 대한 자신의 취향을 말할 때 어떻게 표현할까요?

음식의 맛에 대한 취향 말하기

A 매운 거 좋아해요? 잘 먹어요?

B
- 먹기는 하는데 좋아하진 않아요.
- 먹긴 하지만 좋아하는 편은 아니에요.
- 좋아하지는 않지만 가끔 먹기는 해요.

3 다음 대화를 들은 후 읽어 보세요. 그리고 대화 내용과 순서를 알아보세요. 48

음식의 차이점에 대해 묻고 답하기

쇼타 진영 씨, 여기 메뉴판에 있는 간장치킨과 불양념치킨은 어떻게 달라요?

진영 간장치킨은 간장, 설탕으로 양념한 건데 불양념치킨은 고춧가루하고 고추장으로 양념한 거예요. 둘 다 먹어 봤는데 느끼하지 않고 맛있었어요.

음식의 맛에 대한 취향 말하기

쇼타 불양념치킨은 좀 매울 거 같은데 진영 씨는 매운 거 좋아해요? 잘 먹어요?

진영 먹기는 하는데 좋아하진 않아요. 쇼타 씨는요?

쇼타 저도 매운 거 잘 못 먹어요.

음식 주문하고 추가 메뉴 정하기

진영 그럼 우리 간장치킨으로 해요. 설탕이 들어가서 달콤해요.

쇼타 네. 그런데 그것만 시키면 모자라지 않을까요? 다른 거 하나 더 시켜요.

진영 좋아요. 감자튀김을 하나 더 시켜요. 그리고 부족하거든 이따가 또 시켜요. 콜라도 시키고요.

쇼타 네. 그렇게 해요.

4 다음 대화 상황과 역할을 읽고 **2**와 **3**에서 배운 것을 활용해 사람 1과 사람 2가 되어 역할극을 해 보세요.

사람 1

메뉴판에 있는 된장찌개와 김치찌개에 대해 잘 몰라요. 사람 2에게 이 음식의 차이점과 좋아하는 음식의 맛을 묻고 자신이 좋아하는 음식의 맛도 말하세요. 추가하고 싶은 다른 음식에 대해서도 이야기하세요.

사람 2

사람 1이 묻는 음식의 차이점에 대해 설명하고 사람 1과 서로 좋아하는 음식의 맛에 대해 이야기하세요. 그리고 주문하고 싶은 음식을 정하고 추가하고 싶은 음식을 추천하세요.

5 친구와 같이 만든 역할극을 발표해 보세요.

읽고 쓰기

1 다음은 김과 깻잎에 대한 글이에요. 글의 사실과 의견을 구분하면서 읽어 보세요.

김과 깻잎

같은 음식 재료인데 먹는 방법이 다른 경우가 있다. 김이 그렇다. 김은 보통 음식에 뿌려 먹는다거나 다른 재료와 같이 싸서 먹는다. 한국에서도 떡국이나 칼국수를 먹을 때 김을 가루로 해서 뿌려 먹거나 밥과 함께 고기와 채소를 넣어 김밥을 만들어서 먹는다. 그런데 반찬으로 먹을 때는 그냥 싸서 먹는 게 아니라 김에 기름을 바르고 소금을 뿌려 구운 후 먹는다. 이렇게 구운 김은 맛과 향이 고소해서 다른 반찬이 없어도 밥을 맛있게 먹을 수 있다. 그래서 좋아하는 사람이 많다.

또 먹는 방법이 다양한 것이 깻잎이다. 한국에서는 소고기나 돼지고기를 구워 먹을 때 보통 상추나 깻잎에 싸서 먹는다. 그리고 깻잎에 간장 양념을 뿌려 반찬으로도 만들어서 먹는다. (Ⓐ) 매운탕을 만들 때도 깻잎을 다른 재료와 함께 넣어서 끓인다. 사람들 중에는 깻잎의 독특한 맛과 향 때문에 별로 좋아하지 않는 사람도 있기는 하지만 대부분은 이렇게 다양한 방법으로 깻잎의 맛과 향을 즐긴다. 구운 김과 깻잎을 안 먹어 본 사람이라면 한번 먹어 보기 바란다. 아마 한국 음식의 맛을 제대로 느낄 수 있을 것이다.

2 위의 글을 다시 읽으세요. 읽은 후에 두 번째 단락에서 사실과 의견을 구분해 써 보세요.

사실	의견

3 다음 물음에 답해 보세요.

(1) 다음 중 김에 대한 내용으로 맞지 않는 것을 골라 보세요.

① 떡국이나 칼국수에 김을 넣어 먹는다. ② 김밥을 만들 때 김에 소금을 뿌린다.
③ 김을 굽기 전에 기름을 먼저 바른다.

(2) Ⓐ에 들어갈 말로 알맞은 것을 골라 보세요.

① 또한 ② 따라서 ③ 예컨대

(3) 다음 중 깻잎에 대한 내용으로 알맞은 것을 골라 보세요.

① 돼지고기를 먹을 때 간장 양념을 한 깻잎과 함께 먹는다.
② 깻잎은 반찬으로 만들어 먹거나 고기를 먹을 때 같이 먹는다.
③ 매운탕에 깻잎을 넣는 것을 좋아하지 않는 사람이 매우 많다.

(4) 사람들이 구운 김을 좋아하는 이유를 써 보세요.

4 채소나 해산물 중 특별한 음식 재료를 골라 여러분 나라에서 어떻게 해서 먹는지 소개하는 글을 쓰려고 해요.

(1) 여러분의 생각을 써 보세요.

채소나 해산물의 이름은 무엇입니까?	
보통 어떻게 해서 먹습니까?	
그 맛은 어떻습니까?	

(2) (1)의 메모를 바탕으로 여러분 나라에서 특별한 음식 재료를 요리하는 방법에 대해 소개하는 글을 써 보세요.

어휘와 표현 확인

의미를 아는 어휘나 표현에 √표 해 보세요.

1 싱겁거든 소금을 좀 넣으세요

- □ 국을 뜨다
- □ 죽을 푸다
- □ 마늘을 까다
- □ 국을 젓다
- □ 채를 썰다
- □ 과일을 깎다
- □ 고기를 건지다
- □ 파를 다듬다
- □ 국자
- □ 칼
- □ 도구
- □ 김치전
- □ 한자
- □ 바둑을 두다
- □ 접다
- □ 카드 게임을 하다
- □ 말을 타다
- □ 잡채
- □ 갈비탕
- □ 싱겁다
- □ 계속하다
- □ 모기
- □ 물리다
- □ 휴게소
- □ 종류
- □ 희다
- □ 검다
- □ 센불
- □ 양념
- □ 제철
- □ 하얗다
- □ 고춧가루
- □ 고추
- □ 살짝
- □ 붓다

2 떡볶이는 매워도 맛있어요

- □ 아무리
- □ 스위치
- □ 불이 들어오다
- □ 아이스커피
- □ 칼국수
- □ 국수
- □ 국물
- □ 꽉
- □ 매운맛
- □ 단계
- □ -째
- □ 뻘뻘
- □ 한결

3 그 음식을 안 좋아하는 사람도 있기는 해요

- □ 느끼하다
- □ 고소하다
- □ 달콤하다
- □ 찍다
- □ 비비다
- □ 뿌리다
- □ 튀김
- □ 땅콩
- □ 돈가스
- □ 소스
- □ 후추
- □ 수프
- □ 짜장면
- □ 따로
- □ 향
- □ 서비스
- □ 접시
- □ 깔끔하다
- □ 메뉴판
- □ 간장
- □ 차이점
- □ 취향
- □ 고추장
- □ 설탕
- □ 모자라다
- □ 경우
- □ 바르다
- □ 매운탕
- □ 대부분
- □ 아마

11 단원 문제 해결

소단원 1
- 분실에 대한 어휘와 표현 익히기
- A-(으)ㄴ가 보다, V-나 보다
  V-아/어 놓다
- 분실한 물건에 대한 대화 듣기

소단원 2
- A/V-아/어야
- 휴대 전화 문제에 대한 대화 듣고 쓰기
- 기능이 개선된 제품에 대해 읽고 말하기

소단원 3
- 고장과 수리에 대한 어휘와 표현 익히기
- A/V-(으)ㄹ 테니까
- 고장 난 전자 제품 수리 방법에 대해 설명하기
- 도움을 준 사람 칭찬하는 글 읽고 쓰기

다음 대화를 듣고 A, B, C 중에서 알맞은 사진을 찾아 써 보세요.

1. (　　　　　)
2. (　　　　　)
3. (　　　　　)

49

1 교실에 카드를 떨어뜨렸나 봐요

어휘와 표현 1

1 다음은 분실에 대한 표현이에요. 듣고 따라 해 보세요. 그리고 의미를 알아보세요. 50

(1) 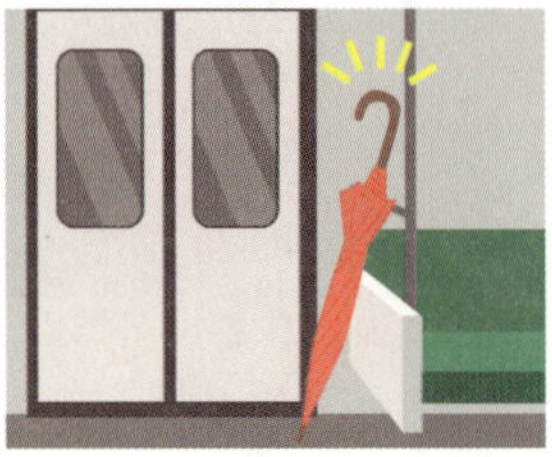

지하철에서 내릴 때
우산을 **깜박했어요.**

(2) 

춤을 추다가 귀걸이를
떨어뜨렸어요.

(3) 

손을 씻을 때 세면대에
반지를 **올려놓고 나왔어요.**

(4) 

방 안을 여기저기 **뒤져서**
지갑을 찾았어요.

(5) 

잘 생각해 보니까 어디에 휴대
전화를 두었는지 **떠올랐어요.**

(6) 

카드 회사에
분실 신고했어요.

2 다음 대화를 듣고 **1**의 표현을 사용해 문장을 완성해 보세요. 51

(1) 올리버는 회의실 탁자에 텀블러를 ____________________ 없어졌어요.

(2) 유나는 친구에게 빌린 책을 돌려주려고 했는데 ____________________.

(3) 엘렌은 여권을 잃어버려서 ____________________ 경찰서에 갈 거예요.

(4) 안나는 집 안 여기저기 ____________________ 잃어버린 열쇠를 찾지 못했어요.

(5) 진차오는 지갑을 잃어버린 곳이 __________ 않아서 학교 오기 전에 들른 곳을 생각해 보고 있어요.

3 **1**의 표현을 사용해 친구와 이야기해 보세요.

(1) 여러분은 물건을 잃어버린 적이 있어요? 어떤 물건을 어떻게 하다가 잃어버렸어요?

(2) 물건을 잃어버렸을 때 분실한 물건을 찾으려면 어떻게 해야 돼요?

문법 1

1 조슈아는 지갑을 어디에서 잃어버렸다고 생각해요? 다음 대화를 듣고 알맞은 것을 골라 보세요. 52

(1)

(2)

2 어떤 사실이나 상황으로 미루어 볼 때 그런 것 같다는 추측을 말할 때 어떻게 말해요? 다음 (1)과 (2)를 보세요. 그리고 대화를 듣고 따라 해 보세요. 53

A 밖에 눈이 많이 오네요.

B 그러네요. 길이 미끄러운가 봐요.

A 이 길에 차가 없네요.

B 그러네요. 주말에 차가 못 다니나 봐요.

A-은가 보다/ㄴ가 보다
V-나 보다

'-(으)ㄴ가 보다'는 형용사와 '이다'와 함께 쓰이고, '-나 보다'는 동사와 함께 쓰여 어떤 사실이나 상황으로 미루어 볼 때 그런 것 같다는 추측을 나타낸다.

예) 위칭이 아까부터 계속 웃고 있는데 오늘 기분이 좋은가 봐요.
저 남자를 학교에서 자주 만나는데 우리 학교 수업을 듣나 봐요.
두 사람의 외모가 똑같이 닮은 걸 보니까 쌍둥이인가 봐요.

3 **2**의 (3)~(6)을 보고 '-(으)ㄴ가/나 보다'를 사용해 말해 보세요.

4 다음을 보고 '-(으)ㄴ가/나 보다'를 사용해 서로 이야기해 보세요. 그리고 새로운 대화도 만들어 보세요.

루이즈가 얼마 전에 댄스 대회에서 상을 받았어요.

그래요? 루이즈가 춤을 잘 추나 봐요.

	상황	추측
(1)	루이즈가 얼마 전에 댄스 대회에서 상을 받았다	루이즈가 춤을 잘 추다
(2)	다샤가 한국 회사에 대해 많이 알다	다샤가 한국 회사에 관심이 많다
(3)	쇼타가 요즘 기운이 없어 보이다	
(4)	위칭이 여행 가방을 가지고 학교에 왔다	
(5)		
(6)		

문법 2

1 다음을 읽고 색칠한 부분이 어떤 의미일지 추측해 보세요.

여름 방학이 되면 집 근처 스포츠 센터에서 수영을 배울 계획이다. 그동안 수영을 배우고 싶었는데 시간이 맞지 않았다. 그래서 방학이 되자마자 수영을 배우려고 방학이 되기 한 달 전에 수업을 **등록해 놓았다**. 그리고 새 수영복도 샀다. 수영 배울 준비를 다 마쳤다고 생각했는데 생각해 보니까 수영 모자를 깜박했다. 그래서 오늘 사러 가려고 한다.

2 어떤 행동을 끝낸 다음 그 상태가 지속될 때 어떻게 말해요? 다음 대화를 듣고 따라 해 보세요. 54

A 자꾸 중요한 약속을 잊어버려서 큰일이에요.
B 약속을 하고 나면 바로 날짜와 장소를 휴대전화에 저장해 **놓으면** 어때요?

A 어제 결석해서 수업을 못 들었어요. 메모한 것 좀 보여 줄 수 있어요?
B 그럼요. 제가 어제 배운 걸 메모지에 필기해서 책에 붙여 **놓았어요**. 한번 보세요.

V-아 놓다/어 놓다

'-아/어 놓다'는 동사와 같이 쓰여 어떤 행동을 끝낸 다음 그 상태가 지속됨을 나타낸다.

예) 안 읽을 책들을 중고 서점에 팔려고 책상 위에 쌓아 놓았어요.
어젯밤에 너무 더워서 에어컨을 켜 놓고 잤어요.
얼마 뒤에 아기가 태어날 거라서 아기 이름을 미리 지어 놓으려고 해요.

3 학생 A와 B는 룸메이트예요. 학생 A와 B가 되어 '-아/어 놓다'를 사용해 말해 보세요. 그리고 친구의 대답을 듣고 √표 해 보세요.

학생 A

학생 B p.155 >

[요리] 질문하세요!

	확인	
(1) 계란을 삶다	☑ 네	☐ 아니요
(2) 감자를 찌다	☐ 네	☐ 아니요
(3) 찌개를 끓이다	☐ 네	☐ 아니요
(4) 밥을 짓다	☐ 네	☐ 아니요

[청소] 대답하세요!

	확인	
(5) 바닥을 닦다	☑ 네	☐ 아니요
(6) 청소기를 돌리다	☐ 네	☑ 아니요
(7) 책장에 책을 꽂다	☑ 네	☐ 아니요
(8) 빨래를 널다	☑ 네	☐ 아니요

A 요리하느라고 힘들었지요?
계란은 삶았어요?
B 네. 계란을 삶아 놓았어요.

4 다음을 보고 '-아/어 놓다'를 사용해 서로 이야기해 보세요. 그리고 새 대화도 만들어 보세요.

제가 부산에서 묵을 숙소를 예약해 놓았어요.

그래요? 그럼 제가 부산역에서 숙소까지 가는 방법을 알아 놓을게요.

	준비한 것	준비할 것
(1)	부산에서 묵을 숙소를 예약하다	부산역에서 숙소까지 가는 방법을 알다
(2)	여행 일정을 짜다	부산에서 유명한 식당 목록을 정리하다
(3)	도서관에서 부산 여행 안내책을 빌리다	
(4)	숙소에서 해운대까지 가는 교통편을 찾다	
(5)		
(6)		

듣기

1 다음은 사람들이 물건을 잃어버리게 된 상황이에요. 여러분은 물건을 잃어버린 적이 있어요? 어떻게 하다가 잃어버렸어요?

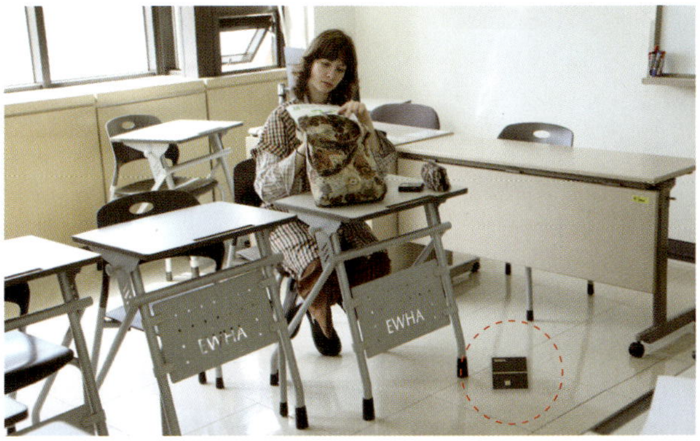

2 다음은 다샤와 위칭의 대화예요. 잘 듣고 물음에 답해 보세요. 55

(1) 다샤와 위칭이 지금 대화하고 있는 장소로 알맞은 것을 골라 보세요.

① 

② 

③ 

(2) 다샤에 대한 내용으로 맞지 <u>않는</u> 것을 골라 보세요.

① 카드가 없어진 사실을 지금 대화 중에 알았어요.
② 편의점에 우유를 사러 갔을 때 카드로 계산했어요.
③ 쉬는 시간 이후에는 카드를 가방에서 꺼내지 않았어요.

(3) 위칭이 다샤에게 조언한 것으로 맞지 <u>않는</u> 것을 골라 보세요.

① 필통 안이나 공책 사이를 살펴봐요.
② 편의점에 카드가 있는지 물어보러 가요.
③ 카드를 정지시키려고 카드 회사에 전화해요.

3 학교에서 잃어버린 물건을 찾으려면 어떻게 해야 할까요? 친구와 이야기해 보세요.

2 사용 안 하는 기능을 꺼야 배터리를 오래 써요

문법 3

1 다음 대화를 듣고 질문에 알맞은 답을 골라 보세요. 56

(1) 마라톤 대회 참가 신청은 어떻게 해야 돼요?

① 미리 신청해요.
② 미리 신청하지 않아도 돼요.

(2) 이 패키지여행은 몇 명이 예약하면 출발해요?

① 10명 이상이면 출발해요.
② 10명이 안 돼도 출발해요.

2 앞의 행동이나 상태가 뒤 내용의 필수 조건일 때 어떻게 말해요? 다음 대화를 듣고 따라 해 보세요. 57

**환경 보호 동호회
가입 신청 안내**

1. 온라인 신청서를 쓰세요.
2. 활동 가능한 시간을 꼭 쓰세요.
3. 연락처를 정확하게 적으세요.

A 환경 보호 동호회에는 어떻게 가입하면 돼요?
B 먼저 온라인 신청서를 쓰세요. 그런데 신청서에 활동 가능한 시간을 써야 가입할 수 있어요.
A 알겠습니다. 또 꼭 적어야 하는 게 있어요?
B 연락처를 쓰세요. 그런데 정확하게 적어야 연락이 가니까 전화번호를 쓰고 다시 한번 확인하세요.

A/V-아야/어야

'-아/어야'는 형용사, 동사, '이다'와 함께 쓰여 앞의 행동이나 상태가 뒤 내용의 필수 조건임을 나타낸다.

예) 날씨가 좋아야 야외 활동하기 좋아요.
시험에서 제일 좋은 성적을 받아야 장학금을 탈 수 있어요.
학생이어야 학생 할인 혜택을 받을 수 있어요.

3 요즘 인기 많은 노트북의 필수 조건이 뭐예요? '-아/어야'를 사용해 말해 보세요.

(1) 온라인으로 회의를 많이 하다

카메라 기능이 좋다

(2) 노트북을 가지고 다니다

가볍다

(3) 떨어뜨리면 화면이 깨지기 쉽다

튼튼하다

(4) 게임도 하다

저장 공간이 크다

(5) 영화도 보다

화면이 크고 넓다

(6) 가격이 비싸다

할인을 많이 하다

A 요즘 어떤 노트북이 잘 팔려요?
B 온라인으로 회의를 많이 하니까 카메라 기능이 좋아야 잘 팔려요.

4 다음을 보고 '-아/어야'를 사용해 서로 묻고 답해 보세요. 그리고 새로운 대화도 만들어 보세요.

어떻게 하면 감기가 빨리 나을 수 있어요?

푹 자고 쉬어야 빨리 나을 수 있어요.

	상황	해결 방법
(1)	감기가 빨리 나을 수 있다	푹 자고 쉬다
(2)	돈을 많이 모을 수 있다	필요 없는 것을 사지 않고 돈을 아끼다
(3)	건강하게 살 수 있다	
(4)	음식을 맛있게 만들 수 있다	
(5)		
(6)		

듣고 쓰기

1 다음을 보고 루이즈와 진영이 무엇에 대해 이야기하고 있는지 말해 보세요.

2 다음은 루이즈의 휴대 전화에 생긴 문제에 대한 대화예요. 잘 듣고 물음에 답해 보세요.

58

(1) 대화를 잘 들으세요. 들은 내용 중 중요한 것을 메모해 보세요.

(2) 다시 대화를 듣고 물음에 답해 보세요.

1) 루이즈는 휴대 전화의 배터리가 왜 닳았다고 생각해요?

2) 휴대 전화 배터리를 오래 쓰려면 어떻게 해야 돼요?

3) 루이즈가 서비스 센터에 전화해서 물어볼 내용으로 알맞은 것을 골라 보세요.

①

②

③

(3) 한 번 더 들으세요. 들으면서 잘못 들었거나 새롭게 들은 내용을 (1)에 추가해 써 보세요.

3 3~4명씩 모여서 2의 내용을 바탕으로 글을 써 보세요.

(1) 2의 (1)을 서로 비교하면서 같은 것과 다른 것이 무엇인지 확인해 보세요.

(2) 2의 내용을 '-아/어 놓다'와 '-아/어야'를 사용해 6~7문장의 글로 완성해 보세요.

루이즈가 진영이에게 어제 찍은 사진을 보내려고 했는데 휴대 전화 배터리가 없어요. ____________

(3) (2)의 내용과 표현이 맞는지 173쪽의 듣기 지문과 비교해 보세요.

읽고 말하기

1 다음은 휴대 전화의 기능이에요. 어떤 기능인지 다음을 보고 말해 보세요.

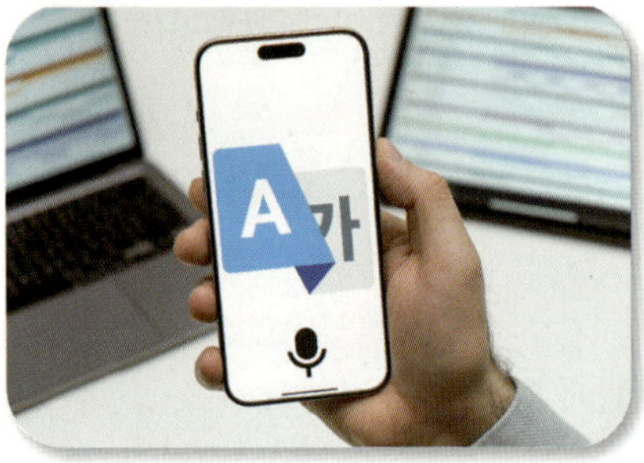

2 다음은 기능이 개선된 휴대 전화에 대해 쓴 글이에요. 글을 읽고 다음에 메모해 보세요.

이번 달에 이화전자에서 새로 나온 휴대 전화 EW50이 화제다. EW50은 이전 휴대 전화보다 배터리가 좋아졌다. 배터리를 100%로 충전해 놓으면 동시에 여러 기능을 쓰는 사람도 24시간 이상 휴대 전화를 쓸 수 있다. 무엇보다 배터리를 오래 쓸 수 있어야 다양한 기능을 마음껏 사용할 수 있다. 이렇게 배터리가 개선돼서 수시로 메시지를 보내거나 노래를 들어도 배터리 걱정 없이 오래 휴대 전화를 사용할 수 있어 사용자들이 편리함을 느낄 것이다.

그리고 EW50은 카메라 기능도 좋아졌다. 사진 전문가들이 사용하는 기능이 추가돼서 그 기능을 선택하면 손쉽게 멋진 사진을 찍을 수 있다. 따라서 사진을 많이 찍어 보지 않은 사람들도 전문가처럼 사진을 찍을 수 있어서 좋다. 멋진 인생 사진을 찍을 때도 무거운 카메라를 들고 다니면서 찍는 대신에 휴대 전화로 간편하게 찍을 수 있기 때문에 이 점도 EW50 사용자들이 큰 장점이라고 느낄 수 있다.

제품 이름: EW50(휴대 전화)

	개선된 것	사용자가 느끼는 장점
배터리		
카메라		

3 다음은 기능이 개선된 제품이에요. 다음 중 하나를 골라 메모하면서 이야기를 만들어 보세요.

E-Buds (이버즈)

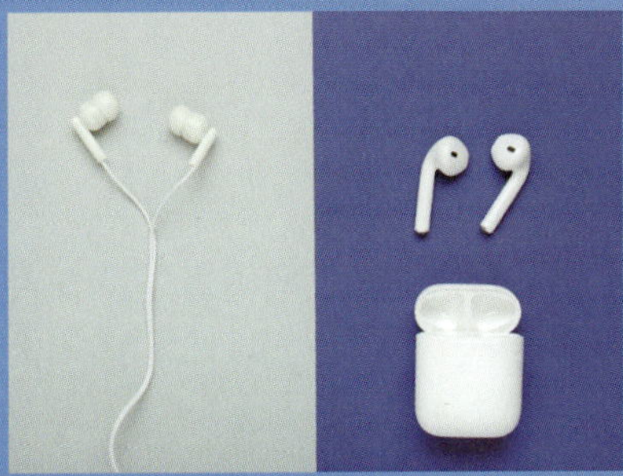

E-dong TV (이동 티비)

제품 이름: ____________________

	개선된 것	사용자가 느끼는 장점
________		
________		

4 2명씩 모이세요. **3**의 메모를 보고 다음과 같이 말해 보세요. 그리고 다른 친구들의 질문에 답해 보세요.

A 저는 휴대 전화 'EW50'에 대해서 소개하려고 해요. 배터리를 오래 쓸 수 있어야 다양한 기능을 마음껏 사용할 수 있는데 이 휴대 전화는 전보다 배터리가 좋아졌어요. …… 그래서 새로 나온 EW50이 기대가 돼요.

B 잘 들었어요. 기능이 정말 좋아졌군요. 그런데 그 휴대 전화의 가격은 얼마 정도예요? 비싸요?

5 각 팀에서 제일 흥미 있는 이야기를 골라 발표해 보세요.

3 먼지가 쌓이면 또 고장 날 테니까 자주 청소하세요

어휘와 표현 2

1 다음은 고장 상태와 수리 방법에 대한 표현이에요. 소리 내 읽어 보세요. 그리고 의미를 알아보세요.

(1)

물이 새요

(2)

부품을 교체해요

(3)

작동이 안 돼요

(4)

자동차를 점검해요

(5)

스위치가 망가졌어요

(6)

서비스 센터에 맡겨요

(7)

출장 서비스를 받아요

(8)

바퀴의 바람이 빠졌어요

2 **1**의 표현을 다음에 써 보세요. 그리고 여러분이 알고 있는 다른 표현도 써 보세요.

고장 상태	수리 방법
예 물이 새요.	

3 **2**의 표현을 사용해 친구와 이야기해 보세요.

(1) 여러분이 사용하던 물건이 고장 난 적이 있어요? 무엇이 어떻게 고장 났어요?

(2) 여러분의 물건이 고장 났을 때 어떻게 했어요?

문법 4

1 다음을 읽어 보세요. 말하는 사람의 강한 추측을 나타내는 표현을 찾아 모두 밑줄을 그어 보세요. 그리고 그림에 맞는 표현도 찾아보세요.

진차오에게

요즘 대학교 입학 준비도 하고 기말시험 공부도 해야 돼서 너무 바쁘지? 여러 가지를 같이 준비하느라 많이 힘들 텐데 지칠 때마다 나한테 연락해. 내가 맛있는 거 사 줄게. 그리고 생활하면서 혼자 하기 어려운 일도 많을 테니까 필요하면 언제든지 말해. 너는 이번에 꼭 대학교에 합격할 거니까 너무 걱정하지 말고 힘내.

마테오가

2 뒤의 내용에 대한 조건으로 말하는 사람의 강한 추측을 말할 때 어떻게 말해요? 다음 대화를 듣고 따라 해 보세요. 59

A 과장님, 말씀하신 보고서는 언제까지 쓰면 될까요?

B 이번 주는 워크숍 준비 때문에 바쁠 테니까 다음 주까지 써서 제출해 주세요.

A 올리버 씨, 영업부 회의가 지금 끝났을까요?

B 시작한 지 두 시간이 지나서 지금은 끝났을 테니까 영업부에 제가 한번 연락해 보겠습니다.

A/V-을 테니까/ㄹ 테니까(추측)

'-(으)ㄹ 테니까'는 형용사, 동사, '이다'와 함께 쓰여 뒤의 내용에 대한 조건으로 말하는 사람의 강한 추측을 나타낸다.

예) 내일은 기온이 내려가서 오늘보다 더 추울 테니까 옷을 따뜻하게 입으세요.
오늘은 주말이라서 서울 시내에 길이 막힐 테니까 지하철을 타고 가요.
진영의 조카는 아직 어린 아기일 테니까 선물을 주고 싶으면 아기 장난감을 사 주세요.

3 다음을 보고 '-(으)ㄹ 테니까'를 사용해 말해 보세요.

	상황	추측	제안
(1)	오후 2시인데 아직 점심을 못 먹었다	배고프다	이 빵 좀 먹다
(2)	독감에 걸렸다	약을 먹지 않으면 안 낫다	병원에서 약을 처방받다
(3)	세 시간 동안 등산했다	다리가 아프다	다리 마사지를 하다
(4)	우리 반 모임 장소를 모르다	안나가 장소를 알다	안나와 같이 오다
(5)	사업을 새로 시작하려고 하다	해야 할 일이 많다	계획을 잘 세우다
(6)	다음 주에 한국어 시험이 있다	시험 준비하느라 바쁘다	시험 끝난 뒤에 만나다

A 오후 2시인데 아직 점심을 못 먹었어요.

B 그래요? 배고플 테니까 이 빵 좀 드세요.

4 다음을 보고 '-(으)ㄹ 테니까'를 사용해 서로 이야기해 보세요. 그리고 새 대화도 만들어 보세요.

여보세요. 상우야, 갑자기 전화가 잘 안 들려.

그래? 내가 다시 전화를 걸 테니까 잠깐만 기다려.

(1)

잠깐만 기다리다

(2)

좀 쉬다

(3)

여기에 앉다

(4)

화내지 말다

(5)

(6)

+ 더 알아보기

V-을 테니까/ㄹ 테니까(의지)

'-(을)ㄹ 테니까'는 동사와 함께 쓰여 말하는 사람의 어떤 행동이나 일에 대한 의지를 나타낸다. '-(을)ㄹ 테니까' 뒤에는 주로 대화를 듣는 사람에게 어떻게 하자거나 하라는 내용이 온다.

예) 제가 숙소를 찾을 테니까 쇼타 씨는 비행기 시간을 알아보세요.
제가 도와드릴 테니까 우리 같이 일을 빨리 끝내요.
다시 잘 설명할 테니까 집중해서 들으세요.

말하기

서비스 센터의 출장 기사와 고장 난 에어컨에 대해 이야기하려고 해요. 에어컨의 고장 상태에 대해 말하고 고장의 가능성을 추측해서 조언하는 역할극을 해 보세요.

1 다음은 역할극의 상황입니다. 다음을 보고 어떤 상황인지 친구와 이야기해 보세요.

쇼타는 에어컨이 고장 나서 출장 서비스를 받아요. 에어컨을 켜면 큰 소리가 나고 작동이 안 돼요. 출장 기사는 에어컨을 보고 부품을 교체해야 한다고 말해요. 그리고 먼지가 쌓이면 에어컨이 또 고장 날 거라고 추측하면서 에어컨을 청소할 것을 제안해요.

(1) 에어컨의 고장 상태를 말하거나 고장 가능성을 추측해서 조언할 때 어떻게 말할까요? 이때 사용하는 표현을 써 보세요. 그리고 쇼타와 출장 기사가 되어 역할극을 해 보세요.

기능	표현
에어컨의 고장 상태 설명하기	
고장 가능성을 추측해서 조언하기	

기사

① 인사하고 에어컨의 고장 상태를 물으세요.

쇼타

① 에어컨의 고장 상태를 설명하세요.

② 에어컨 수리 방법을 말하고 관리를 안 할 경우 에어컨 고장 가능성을 추측해서 말하세요.

② 수리와 조언에 대해 감사 인사를 하세요.

(2) (1)에서 만든 대화에 대해 말해 보세요.

여러분은 에어컨의 고장 상태를 어떻게 말했어요?

에어컨 고장 가능성을 추측해서 조언할 때 어떻게 말했어요?

2 에어컨의 고장 상태를 말할 때와 관리를 안 할 경우 고장 가능성을 추측해서 조언할 때 어떻게 말하는지 알아 보세요.

(1) 에어컨의 고장 상태를 어떻게 말할까요?

에어컨의 고장 상태 설명하기

A 에어컨 수리 신청하셨죠? 뭐가 안 되세요?

B
- 에어컨을 켜면 소리가 크게 나고 작동이 안 돼요.
- 에어컨을 켜니까 큰 소리가 나고 작동이 되지 않아요.
- 에어컨을 켰는데 작동은 되지 않고 소리만 크게 나요.

(2) 고장 가능성을 추측해서 조언할 때 어떻게 말할까요?

고장 가능성을 추측해서 조언하기

A
- 먼지가 쌓이면 또 고장 날 테니까 두 달에 한 번은 에어컨을 청소하세요.
- 두 달에 한 번 정도 청소하지 않으면 또 먼지 때문에 고장이 날 수도 있으니까 청소하세요.
- 에어컨 청소를 안 하면 또 먼지가 쌓여서 고장이 날 텐데 두 달에 한 번 정도 청소하셔야 돼요.

B 아, 그렇군요. 알겠습니다. 친절하게 알려 주셔서 감사합니다.

3 다음 대화를 들은 후 읽어 보세요. 그리고 대화 내용과 순서를 알아보세요. 60

출장 기사와 인사하기

쇼타　안녕하세요? 어서 오세요.

기사　네. 안녕하세요? 에어컨 수리 신청하셨죠? 뭐가 안 되세요?

에어컨의 고장 상태에 대해 말하고 고장 원인 말하기

쇼타　에어컨을 켜면 소리가 크게 나고 작동이 안 돼요. 냄새도 나고요.

기사　그러셨군요. 제가 한번 확인해 보겠습니다. (확인 후) 에어컨 안에 물이 샜네요. 오래된 부품이 깨져서 작동이 안 된 거예요.

수리 방법에 대해 설명하기

쇼타　그랬군요. 그럼 어떻게 수리해야 되죠?

기사　일단 낡은 부품을 교체해야 돼요. 그리고 에어컨 안에 먼지가 많은데 먼지를 청소하면 시끄러운 소리도, 냄새도 나지 않을 거예요. 제가 먼저 부품부터 교체하고 청소도 해 드릴게요. 수리하면 괜찮아질 테니까 걱정 마세요. (잠시 후)

고장 가능성 추측해서 조언하기

쇼타　이제 다 됐나요? 며칠 동안 에어컨도 못 켜고 더워서 혼났어요.

기사　힘드셨겠네요. 수리가 끝났습니다. 확인해 보세요. 그리고 먼지가 쌓이면 또 고장 날 테니까 두 달에 한 번은 에어컨 청소를 하세요. 그러면 문제없을 거예요.

쇼타　아, 그렇군요. 알겠습니다. 친절하게 알려 주셔서 감사합니다.

4 다음 대화 상황과 역할을 읽고 2와 3에서 배운 것을 활용해 사람 1과 사람 2가 되어 역할극을 해 보세요.

사람 1

세탁기가 고장 나서 출장 서비스를 받아요. 사람 2에게 큰 소리가 나고 작동이 안 되는 세탁기의 고장 상태를 말하고 수리 방법을 물어보세요. 수리 후 세탁기 관리 방법을 알려 주는 사람 2에게 감사 인사하세요.

사람 2

출장 기사입니다. 사람 1에게 세탁기의 고장 상태를 듣고 부품을 교체해야 한다고 세탁기 수리 방법을 말하세요. 세탁기를 수리한 후에 관리를 안 할 경우 생길 고장 가능성을 추측해 자주 청소하라고 조언하세요.

5 친구와 같이 만든 역할극을 발표해 보세요.

읽고 쓰기

1 다음은 출장 서비스로 에어컨을 고쳐 준 출장 기사를 칭찬하는 글이에요. 글을 읽고 확실하게 알게 된 내용은 **2**에 √표 해 보세요.

신촌 서비스 센터

고객의 소리 > 칭찬해요

20○○. 8. 7. 조회: 40 글쓴이: 쇼타

제목: 신촌 서비스 센터 김민수 기사님을 칭찬합니다.

안녕하세요? 저는 한국어를 공부하러 온 일본인 유학생인데 에어컨이 고장 나서 어제 출장 서비스를 받았습니다. 그런데 저희 집에 오신 김민수 기사님의 친절함과 꼼꼼함에 감동받아서 글을 올립니다.

저는 더위를 많이 타서 여름에 에어컨을 켜 놓고 삽니다. (Ⓐ) 에어컨은 제 필수품입니다. (Ⓑ) 일주일 전부터 에어컨에서 큰 소리가 나고 작동이 되지 않았습니다. 출장 서비스를 신청하고 기사님이 저희 집에 오신다고 들었을 때 한국어가 서투르니까 고장 난 것에 대해 설명 못 할 것 같아서 긴장했습니다. (Ⓒ) 기사님은 에어컨 작동이 잘되게 고칠 테니까 걱정하지 말라고 안심시켜 주셨습니다. 그리고 낡은 부품을 교체한 뒤에는 먼지까지 깨끗하게 청소해 주셔서 에어컨이 새것처럼 바뀌었습니다.

무엇보다 기사님을 칭찬해 드리고 싶은 이유는 다시 고장 나지 않도록 에어컨을 청소하는 법까지 꼼꼼히 조언해 주셨기 때문입니다. 수리가 다 끝난 뒤에도 도움이 되는 말씀을 해 주시는 모습에서 따뜻한 마음이 느껴졌습니다. 친절하게 에어컨을 고쳐 주신 김민수 기사님을 칭찬해 드리고 싶습니다.

2 다음 질문 중 아직 확실하게 알지 못한 내용이 있으면 그 답을 찾으면서 다시 글을 읽으세요.

확인 질문

- □ 쇼타가 왜 이 글을 올렸는지 알아요?
- □ 출장 기사를 만나기 전에 쇼타에게 무슨 일이 생겼는지 알아요?
- □ 쇼타가 출장 기사를 만났을 때 그 사람이 무슨 말과 행동을 했는지 알아요?
- □ 쇼타가 특별히 출장 기사를 칭찬하는 이유가 무엇인지 알아요?

3 다음 물음에 답해 보세요.

(1) 다음이 들어갈 곳으로 맞지 않는 것을 골라 보세요.

① Ⓐ 그래서 ② Ⓑ 그런데 ③ Ⓒ 그리고

(2) 출장 기사가 집에 온다고 들었을 때 쇼타의 기분으로 알맞은 것을 골라 보세요.

① 에어컨이 잘 고쳐질 것 같아서 안심했다.
② 에어컨에 고장 난 부분이 많아서 걱정했다.
③ 한국어로 잘 말하지 못할 것 같아서 긴장했다.

(3) 쇼타의 집에 온 출장 기사가 하지 않은 것을 골라 보세요.

① 에어컨의 먼지를 직접 청소해 줬다.
② 부품 교체 방법을 쇼타에게 알려 줬다.
③ 걱정하지 말라고 쇼타를 안심시켜 줬다.

(4) 쇼타에게 에어컨이 필수품인 이유는 뭐예요? 써 보세요.

---

4 여러분에게 도움을 준 사람을 칭찬하는 글을 쓰려고 해요.

(1) 여러분의 생각을 써 보세요.

누구를 칭찬하려고 합니까?	
그 사람에게서 구체적으로 어떤 도움을 받았습니까?	
특별히 그 사람을 칭찬하는 이유가 무엇입니까?	

(2) 위의 메모를 바탕으로 도움을 준 사람을 칭찬하는 글을 써 보세요.

어휘와 표현 확인

의미를 아는 어휘나 표현에 √표 해 보세요.

1 교실에 카드를 떨어뜨렸나 봐요

- □ 깜박하다
- □ 떨어뜨리다
- □ 올려놓고 나오다
- □ 뒤지다
- □ 떠올리다
- □ 분실 신고하다
- □ 텀블러
- □ 돌려주다
- □ 큰일이다
- □ 도저히
- □ 쌍둥이
- □ 기운이 없다
- □ 등록하다
- □ 수영 모자
- □ 저장하다
- □ 메모지
- □ 계란
- □ 중고
- □ 바닥
- □ 닦다
- □ (빨래를) 널다
- □ 목록
- □ 살펴보다

2 사용 안 하는 기능을 꺼야 배터리를 오래 써요

- □ 패키지여행
- □ 참고하다
- □ 적다
- □ 연락이 가다
- □ 공간
- □ 화면
- □ 배터리
- □ 닳다
- □ 이리 (주다)
- □ 분명히
- □ 충전하다
- □ 동시
- □ 마음껏
- □ 개선되다
- □ 수시로
- □ 사용자
- □ 추가되다
- □ 손쉽다
- □ 조절
- □ 마이크
- □ 생생하다

3 먼지가 쌓이면 또 고장 날 테니까 자주 청소하세요

- □ 출장 기사
- □ 물이 새다
- □ 부품을 교체하다
- □ 작동이 안 되다
- □ 자동차를 점검하다
- □ 스위치가 망가지다
- □ 서비스 센터에 맡기다
- □ 출장 서비스를 받다
- □ 바퀴의 바람이 빠지다
- □ 지치다
- □ 워크숍
- □ 영업부
- □ 켜다
- □ 관리
- □ 먼지
- □ 더위를 타다
- □ 필수품
- □ 서투르다
- □ 안심시키다
- □ 부분
- □ 구체적

12 단원 나의 진로

소단원 1
- 진로 결정에 대한 어휘와 표현 익히기
- V-아/어야겠-
  V-(으)려다가
- 진로 걱정하는 친구에게 조언하는 대화 듣기

소단원 2
- A/V-(으)ㄴ/는/(으)ㄹ 만큼
- 자신에게 영향을 준 사람에 대한 대화 듣고 쓰기
- 닮고 싶은 사람에 대해 읽고 말하기

소단원 3
- 미래에 이루고 싶은 꿈에 대한 어휘와 표현 익히기
- V-아/어 가다
- 앞으로의 계획 설명하고 격려하기
- 미래 계획에 대한 글 읽고 쓰기

다음 대화를 듣고 A, B, C 중에서 알맞은 사진을 찾아 써 보세요.

1. (　　　　　)
2. (　　　　　)
3. (　　　　　)

61

1 귀국하려다가 한국에 남기로 했어요

어휘와 표현 1

1 **다음은 진로를 정할 때 고려하는 일들에 대한 표현이에요. 듣고 따라 해 보세요. 그리고 의미를 알아보세요.** 62

(1)

공무원은 안정된 **미래가 보장되는** 직업이에요.

(2)

전공을 살려서 통계와 관련된 일을 하고 있어요.

(3)

대기업은 중소기업에 비해 **보수가 높은** 편이에요.

(4)

제 동생은 그림에 **재능이 있어서** 그림을 잘 그려요.

(5)

우주 관련 산업은 **전망이 좋은** 미래 산업 중 하나예요.

(6)

사람 만나는 걸 좋아해서 지금 하는 일이 **적성에 맞아요.**

2 **1의 표현을 다음에 써 보세요. 그리고 여러분이 알고 있는 다른 표현도 써 보세요.**

진로를 정할 때 중요한 것	진로를 정할 때 별로 중요하지 않은 것
예 미래가 보장돼요.	

3 **2의 표현을 사용해 친구와 이야기해 보세요.**

(1) 여러분은 앞으로 무슨 일을 하려고 해요? 그 일을 하려고 하는 이유가 뭐예요?

(2) 여러분은 즐겁게 할 수 있는 일이 있어요? 그 일은 무엇이고 그 일과 관련된 직업은 뭐예요?

문법 1

1 다음을 읽어 보세요. 말하는 사람의 의지를 나타내는 표현을 찾아 모두 밑줄을 그어 보세요. 그리고 사진에 맞는 표현도 찾아보세요.

나는 대학교에 입학하러 한국에 왔는데 작년에는 한국어 성적이 없어서 지원할 수 없었다. 시험을 보는 날 아파서 시험을 못 봤기 때문이다. 올해는 대학교에 꼭 입학하려고 한다. 건강 관리를 잘해서 꼭 한국어 시험을 봐야겠다. 그리고 꼭 붙어야겠다. 다른 서류도 잘 준비해서 대학교에 꼭 들어갈 것이다.

2 어떤 행동을 할 것이라는 강한 의지를 나타낼 때 어떻게 말해요? 다음 대화를 듣고 따라 해 보세요. 63

A 다샤 씨, 자기소개서는 다 썼어요? 이번 주 금요일까지 낸다고 했죠?
B 네. 다 썼고 사진만 찍으면 되는데 어제까지 바빠서 사진관에 갈 여유가 없었어요. 내일은 꼭 증명사진을 찍어야겠어요.

A 일기 예보를 보니까 오늘 오후에 비가 온대요.
B 그래요? 그러면 우산을 챙겨야겠네요.

V-아야겠/어야겠-

'-아/어야겠-'은 동사와 같이 쓰여 말하는 사람이 어떤 행동을 할 것이라는 강한 의지를 나타낸다.

예) 다음 학기에는 더 열심히 해서 성적을 잘 받아야겠어요.
감기 기운이 있어서 오늘은 일찍 퇴근하고 좀 쉬어야겠어요.
환경을 위해서 가능하면 일회용품을 쓰지 않아야겠어요.

3 다음 질문에 알맞은 사진은 무엇이에요? '-아/어야겠-'을 사용해 말해 보세요.

(1) 휴대 전화가 또 고장 났어요?

(2) 윗집이 계속 시끄러워요?

(3) 버스하고 지하철이 모두 끊겼어요?

(4) 매일 새벽까지 게임을 하니까 피곤하죠?

(5) 중간시험에서 듣기 성적이 안 좋았어요?

(6) 아침을 굶고 나서 건강이 안 좋아졌어요?

A 휴대 전화가 또 고장 났어요?

B 네. 자주 고장이 나서 새것으로 하나 사야겠어요.

4 다음을 보고 '-아/어야겠-'을 사용해 서로 묻고 답해 보세요. 그리고 새 대화도 만들어 보세요.

위칭 씨, 친구하고 아직 화해하지 않았어요?

네. 그런데 말을 안 하고 지내는 게 너무 답답해서 제가 먼저 말을 걸어야겠어요.

(1) 친구하고 아직 화해하지 않았어요?

(2) 고향에서 겨울옷을 가져오지 않았어요?

(3) 대학교 등록금을 아직 마련하지 못했어요?

(4) 일주일째인데 아직도 감기가 안 나았어요?

(5)

(6)

문법 2

1 **상우의 원래 계획은 뭐였어요? 다음 대화를 듣고 알맞은 것을 골라 보세요.** 64

(1)

(2)

2 **어떤 행동을 할 의도를 가지고 있다가 다른 행동을 하게 될 때 어떻게 말해요? 다음 대화를 듣고 따라 해 보세요.** 65

A 아침 먹었어요?

B 아니요. 아침을 먹으려다가 시간이 없어서 못 먹고 나왔어요.

A 기숙사로 이사하고 싶다고 했죠? 기숙사 신청은 했어요?

B 아니요. 기숙사를 신청하려다가 안 했어요. 학교 근처에 마음에 드는 원룸이 있어서 거기로 옮기려고요.

V-으려다가/려다가

'-(으)려다가'는 동사와 같이 쓰여 어떤 행동을 할 의도를 가지고 있다가 그 행동을 멈추거나 다른 행동을 하게 됨을 나타낸다.

예) 구두를 신으려다가 눈이 많이 와서 부츠를 신었어요.
카페에 들러서 커피를 사려다가 사람이 많아서 그냥 학교로 왔어요.
음악을 들으려다가 공부에 방해가 될 것 같아서 안 들었어요.

3 '-(으)려다가'를 사용해 친구와 게임을 해 보세요.

게임 방법

1. 두 사람이 가위바위보를 해서 진 사람이 네모 안의 질문을 읽으세요.
2. 이긴 사람은 진 사람의 질문을 듣고 '-(으)려다가'를 사용해 대답하세요.
3. 대답을 했으면 다음 칸으로 이동해서 똑같은 방법으로 게임을 하세요. 대답하지 못했으면 그 칸에서 역할을 바꿔 질문하고 대답하세요.
4. 먼저 '도착'에 온 사람이 이겨요.

출발	⇨	(1) 차를 팔았어요?	⇨	(2) 라면을 끓여 먹었어요?	⇨	(3) 오래된 가방을 버렸어요?	⇨	(4) 차가운 커피를 마셨어요?
								⇩
도착	⇦	(8) 지원한 회사의 면접시험을 봤어요?	⇦	(7) 사진관에서 증명사진을 찍었어요?	⇦	(6) 친구 생일 케이크를 만들었어요?	⇦	(5) 새로 산 구두를 신었어요?

A 쇼타 씨, 차를 팔았어요?

B 아니요. 팔려다가 사려는 사람이 없어서 그냥 계속 타기로 했어요.

4 다음을 보고 '-(으)려다가'를 사용해 서로 묻고 답해 보세요. 그리고 새 대화도 만들어 보세요.

집에서 여기까지 가까운데 택시를 탔어요?

네. 걸으려다가 다리가 아파서 택시를 탔어요.

(1) 집에서 여기까지 가까운데 택시를 탔어요?

(2) 두통이 심한데 그냥 참았어요?

(3) 일이 많은데 일찍 퇴근했어요?

(4) 급한 일인데 문자로 연락했어요?

(5)

(6)

듣기

1 다음은 구직 사이트 화면이에요. 여러분은 구직 사이트를 이용해 본 적이 있어요? 여기에서 무엇을 할 수 있어요?

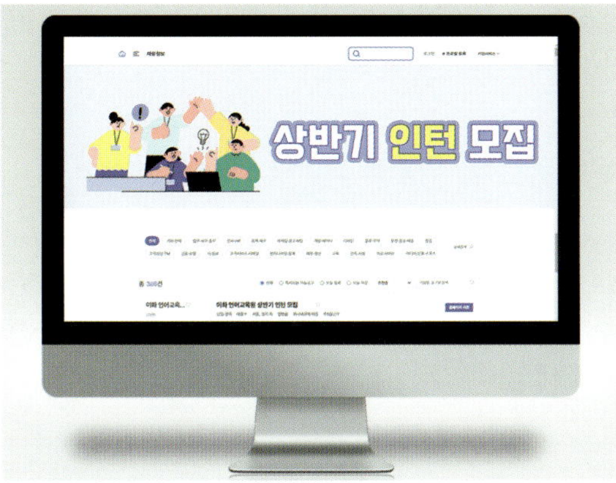

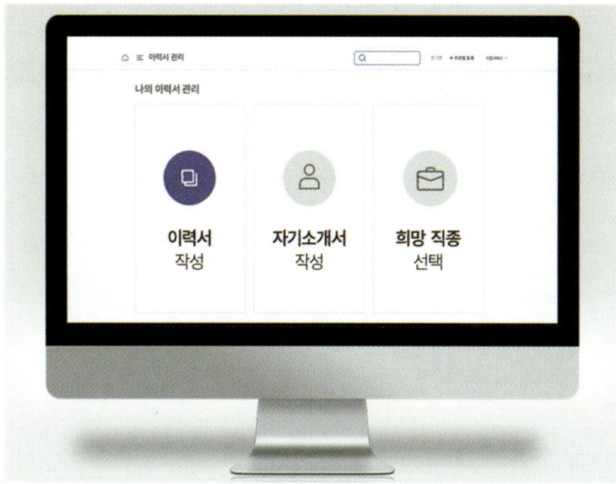

2 다음은 다샤와 올리버의 대화예요. 잘 듣고 물음에 답해 보세요. 66

(1) 다샤에 대한 설명으로 맞지 <u>않는</u> 것을 골라 보세요.

① 원래는 이번 학기를 마치고 고향에 돌아갈 생각이었어요.
② 한국에서 전공과 관련된 일을 찾으려고 해요.
③ 방송 일이 적성에 잘 맞는다고 생각해요.

(2) 들은 내용과 같은 것을 골라 보세요.

① 외국인 인턴에 지원하려면 구직 사이트에 가입해야 해요.
② 외국인이 한국 회사에 취직하려면 인턴 경험이 필요해요.
③ 구직 사이트에 올린 이력서를 보고 지원자에게 연락하는 회사도 있어요.

(3) 다음 중 대화 후에 다샤가 할 행동으로 알맞은 것을 골라 보세요.

①

②

③

3 여러분은 자기소개서를 쓴 적이 있어요? 자기소개서에 어떤 내용을 썼어요? 쓴 적이 없으면 어떤 내용을 쓰고 싶어요? 친구와 이야기해 보세요.

문법 3

1 다음 대화를 듣고 질문에 알맞은 답을 골라 보세요. 67

(1) 마테오는 왜 속상해요?

① 공부를 많이 했지만 성적이 안 좋아요.
② 공부를 많이 못 해서 성적이 안 좋아요.

(2) 지원자는 연봉을 얼마나 받고 싶어 해요?

① 경력 직원보다 많이 받고 싶어 해요.
② 경력 직원과 비슷하게 받고 싶어 해요.

2 앞의 내용과 비슷한 정도나 수량을 말할 때 어떻게 말해요? 다음 대화를 듣고 따라 해 보세요. 68

A 이 뉴스 봤어? 이 회사가 한국 대학생들이 가장 들어가고 싶어 하는 회사래.

B 나도 봤어. 여기가 근무 환경이 좋은 만큼 인기도 많은 것 같아. 그리고 보수도 높대.

A 그래? 그런데 월급을 많이 주는 만큼 일도 많이 시키지 않을까?

A-은 만큼/ㄴ 만큼
V-은 만큼/ㄴ 만큼, -는 만큼, -을 만큼/ㄹ 만큼

'-(으)ㄴ/는/(으)ㄹ 만큼'은 형용사, 동사와 함께 쓰여 앞의 내용과 비슷한 정도나 수량임을 나타낸다. 명사의 경우는 'N만큼'의 형태로 쓰인다.

예) 방이 넓은 만큼 청소하기가 힘들어요.
밥과 반찬은 먹을 만큼만 접시에 담으세요.
시험 성적은 공부하는 만큼 나오는 것 같아요.
제 친구는 한국 사람만큼 한국어를 잘해요.

3 다음을 보고 √표 하세요. '-(으)ㄴ/는/(으)ㄹ 만큼'을 사용해 말해 보세요.

(1) 요리를 얼마나 잘해요?

- ☐ 요리사
- ☐ 남들이 하다
- ☑ 못 하는 음식이 없다

(2) 돈을 얼마나 벌어요?

- ☐ 작은 회사 사장
- ☐ 다른 사람들이 벌다
- ☐ 생활비를 걱정하지 않다

(3) 노래를 얼마나 잘 불러요?

- ☐ 가수
- ☐ 우리 반에서 손에 꼽다
- ☐ 듣는 사람들이 모두 놀라다

(4) 그 사람을 얼마나 사랑해요?

- ☐ 하늘
- ☐ 죽다
- ☐ 그 사람이 나를 사랑하다

(5) 그 드라마를 얼마나 좋아해요?

- ☐ 제일 좋아하는 영화
- ☐ 방송할 때마다 꼭 보다
- ☐ 드라마 대사를 다 외우다

(6) 지금 살고 있는 방은 얼마나 넓어요?

- ☐ 교실
- ☐ 1인실을 두 개 합치다
- ☐ 방에서 축구를 해도 되다

A 요리를 얼마나 잘해요?

B 못 하는 음식이 없을 만큼 잘해요.

4 다음을 보고 '-(으)ㄴ/는/(으)ㄹ 만큼'을 사용해 서로 이야기해 보세요. 그리고 새 대화도 만들어 보세요.

한국어 읽기를 잘 못해서 걱정이에요.

어휘를 아는 만큼 읽기 실력도 좋아질 테니까 어휘를 많이 외워 보세요.

	고민	조언	
(1)	한국어 읽기를 잘 못하다	어휘를 알다	어휘를 외우다
(2)	전기 요금이 많이 나오다	전기를 절약하다	외출할 때는 불을 끄다
(3)	다리에 근육이 생기지 않다		
(4)	댄스 동아리를 하는데 춤 실력이 늘지 않다		
(5)			
(6)			

듣고 쓰기

1 다음을 보고 안나와 위칭이 무엇에 대해 이야기하고 있는지 말해 보세요.

2 다음은 안나와 위칭이 선배에 대해 이야기하는 대화예요. 잘 듣고 물음에 답해 보세요. 69

(1) 대화를 잘 들으세요. 들은 내용 중 중요한 것을 메모해 보세요.

(2) 다시 대화를 듣고 물음에 답해 보세요.

1) 최근 올가에게 무슨 일이 있었어요?

2) 학교에 다닐 때 올가의 모습으로 맞지 않는 것을 골라 보세요.

①

②

③

3) 안나는 자신의 미래에 대해서 어떤 생각을 하고 있어요?

____

(3) 한 번 더 들으세요. 들으면서 잘못 들었거나 새롭게 들은 내용을 (1)에 추가해 써 보세요.

3 3~4명씩 모여서 2의 내용을 바탕으로 글을 써 보세요.

(1) 2의 (1)을 서로 비교하면서 같은 것과 다른 것이 무엇인지 확인해 보세요.

(2) 2의 내용을 '-(으)려다가'와 '-(으)ㄴ/는/(으)ㄹ 만큼'을 사용해 6~7문장의 글로 완성해 보세요.

안나와 위칭은 올가 선배의 소식을 들었어요. ______________________________

____

____

____

____

____

____

(3) (2)의 내용과 표현이 맞는지 176쪽의 듣기 지문과 비교해 보세요.

읽고 말하기

1 다음은 사람들이 닮고 싶어 하는 인물이에요. 왜 이 인물들을 닮고 싶어 하는지 다음을 보고 말해 보세요.

이화여자대학교
이지선 교수

작가 조앤 롤링
(Joanne K. Rowling)

전 미국 대통령 버락 오바마
(Barack Obama)

2 다음은 유나가 닮고 싶은 사람에 대해서 쓴 글이에요. 글을 읽고 다음에 메모해 보세요.

나는 닮고 싶은 사람이 있다. 그 사람은 바로 작가이면서 교수인 이화여자대학교 사회복지학과 이지선 교수다. 이 교수는 대학교 4학년 때 교통사고로 타고 가던 차에 불이 나서 온몸에 화상을 입었다. 의사들도 살 가능성이 없다고 할 만큼 큰 사고였다. 그 후 마흔 번이 넘는 수술을 받으면서 모습도, 삶도 완전히 달라졌다. 그렇지만 이 교수는 절망하지 않았다. 이 교수는 사고 이후의 삶을 하늘이 준 두 번째 인생이라고 생각하고 그 후부터 작은 것에서 자주 행복을 느끼고 감사하게 되었다. 그리고 다른 사람을 도우면서 살아야겠다고 결심했다. 그 후 미국 유학을 다녀와서 한국에서 교수가 되었다. 지금은 학생들을 가르치고 어려운 사람들을 도우면서 모든 사람이 행복하게 사는 사회를 만들기 위해 연구에 힘쓰고 있다. 이 교수에 대해 알고 나서 나도 절망 속에서도 희망을 찾는 긍정적인 마음을 갖고 싶어졌다. 그리고 작은 것에도 감사하면서 좋은 영향력을 끼치는 사람이 되어야겠다고 생각했다.

닮고 싶은 사람은 누구예요?	
그 사람에게 어떤 일이 있었어요? 그 사람은 왜 존경을 받아요?	
어떤 점을 닮고 싶어요?	

3 여러분은 닮고 싶은 사람이 있어요? 그 사람에 대해 메모하면서 이야기를 만들어 보세요.

닮고 싶은 사람은 누구예요?

그 사람에게 어떤 일이 있었어요?
그 사람은 왜 존경을 받아요?

어떤 점을 닮고 싶어요?

4 3~4명씩 모이세요. **3**의 메모를 보고 다음과 같이 말해 보세요. 그리고 다른 친구들의 질문에 답해 보세요.

A 제가 존경하는 사람은 이지선 교수예요. 이 교수는 대학교 4학년 때 교통사고를 당해서 의사들도 살 가능성이 없다고 할 만큼 크게 다쳤어요. …… 저도 이 교수처럼 작은 것에도 감사하면서 좋은 영향력을 끼치는 사람이 되어야겠다고 생각했어요.

B 잘 들었어요. 그런 상황에서 감사할 수 있다니 정말 배울 점이 많은 분이네요. 이지선 교수를 실제로 만나면 하고 싶은 말이 있어요?

5 각 팀에서 제일 흥미 있는 이야기를 골라 발표해 보세요.

어휘와 표현 2

1 다음은 미래에 이루고 싶은 꿈에 대한 표현이에요. 소리 내 읽어 보세요. 그리고 의미를 알아보세요.

(1)

사업을 확장해요

(2)

작가로 성공해요

(3)

실력을 인정받아요

(4)

나누는 삶을 살아요

(5)

학자의 길을 걸어요

(6)

최고의 자리에 올라요

(7)

새로운 기술을 개발해요

(8)

부모님 가게를 이어서 해요

2 다음 대화를 듣고 **1**의 표현을 사용해 문장을 완성해 보세요. 70

(1) 유나의 언니는 내년에 ______________________________ 계획이에요.

(2) 일본에는 ______________________________ 사람들이 많아요.

(3) 박완서 작가는 소설가가 된 후 좋은 작품을 써서 ______________________________.

(4) 김민우 선수는 올림픽에서 금메달을 따서 세계 1위라는 ______________________________.

(5) 이화전자는 휴대 전화로 건강 상태를 확인해서 아픈 곳을 찾을 수 있는 ______________________________.

3 **1**의 표현을 사용해 친구와 이야기해 보세요.

(1) 여러분이 앞으로 이루고 싶은 꿈은 뭐예요?

(2) 그 꿈을 이루기 위한 구체적인 계획이 있어요? 어떤 계획이에요?

문법 4

1 다음을 읽고 색칠한 부분이 어떤 의미일지 추측해 보세요.

이번 학기가 시작한 게 엊그제 같은데 일주일만 있으면 방학이다. 나는 이번 학기를 마치면 고향에 돌아간다. 반 친구들과 친하게 지냈는데 일주일 후면 헤어져야 해서 이번 학기가 끝나 가는 것이 좀 아쉽고 섭섭하다.

2 어떤 행동이나 상태가 완성이나 끝을 향해 계속 변화하거나 진행됨을 말할 때 어떻게 말해요? 다음 대화를 듣고 따라 해 보세요. 71

위칭 씨, 남자 친구와 사귄 지 얼마나 됐어요?

5월부터 사귀기 시작했으니까 6개월이 다 돼 가요.

그럼 이제 서로에 대해 많이 알겠네요.

아니에요. 아직 모르는 게 많아요. 만나면서 서로를 조금씩 알아 가고 있어요.

V-아 가다/어 가다

'-아/어 가다'는 동사와 같이 쓰여 어떤 행동이나 상태가 완성이나 끝을 향해 계속 변화하거나 진행됨을 나타낸다.

예) 아들이 크면서 점점 남편을 닮아 가는 것 같아요.
저는 한국에 와서 한국 문화를 하나씩 배워 가고 있어요.
이 화장품을 거의 다 써 가는데 효과가 좋아서 만족스러워요.

3 다음을 보고 '-아/어 가다'를 사용해 말해 보세요.

(1) 경찰관

범죄가 없는 세상을 만들다

(2) 사업가

세계적인 기업으로 사업을 확장하다

(3) 정치가

내 고향을 살기 좋은 곳으로 바꾸다

(4) 환경운동가

산과 바다를 아름답게 가꾸다

(5) 소아과 의사

아픈 아이들을 치료하면서 살다

(6) 초등학교 선생님

교육자이신 부모님의 뜻을 잇다

A 꿈이 뭐예요? 앞으로 어떤 일을 하고 싶어요?

B 저는 경찰관이 돼서 범죄가 없는 세상을 만들어 가고 싶어요.

4 다음을 보고 '-아/어 가다'를 사용해 서로 묻고 답해 보세요. 그리고 새 대화도 만들어 보세요.

쇼타 씨, 여행 경비
100만 원을 다 모았어요?

이제 5만 원 남았으니까
거의 모아 가요.

	질문	진행 상황
(1)	여행 경비 100만 원을 다 모았다	이제 5만 원 남았으니까 거의 모으다
(2)	기타를 오래 배웠다	12월에 배우기 시작했으니까 거의 1년이 되다
(3)	점심을 다 먹었다	
(4)	산 정상까지 많이 남았다	
(5)		
(6)		

말하기

앞으로의 계획을 친구에게 설명하려고 해요. 구체적인 계획을 묻고 답하고 친구의 계획에 대해 격려하는 역할극을 해 보세요.

1 다음은 역할극의 상황이에요. 다음을 보고 어떤 상황인지 친구와 이야기해 보세요.

쇼타는 일본에 돌아가서 부모님이 30년 넘게 운영해 오신 일본 전통 과자 가게를 이어서 할 계획이에요. 처음 몇 년은 과자 만드는 방법을 배우고 나중에는 가게도 키워 보려고 해요. 그런데 쇼타는 가게를 운영해 본 적이 없어서 걱정이 돼요. 올리버는 쇼타의 계획과 걱정을 듣고 쇼타가 계획을 이룰 수 있는 방법을 제안하면서 격려해요.

(1) 여러분은 구체적인 계획을 말하거나 친구의 계획에 대해 격려할 때 어떻게 말해요? 이때 사용하는 표현을 써 보세요. 그리고 쇼타와 올리버가 되어 역할극을 해 보세요.

기능	표현
구체적인 계획 말하기	
격려하기	

① 쇼타에게 하려는 일에 대한 구체적인 계획을 물어보세요.

올리버

① 자신의 구체적인 계획을 말하세요.

② 쇼타의 계획을 듣고 격려하세요.

쇼디

② 격려에 대해 감사 인사를 하세요.

(2) (1)에서 만든 대화에 대해 말해 보세요.

여러분은 구체적인 계획을 묻고
대답할 때 어떻게 말했어요?

친구의 계획을 듣고 격려할 때 어떻게
말했어요?

2 구체적인 계획을 말할 때와 상대방을 격려할 때 어떻게 말하는지 알아보세요.

(1) 구체적인 계획을 말할 때 어떻게 표현할까요?

구체적인 계획 말하기

A 구체적인 계획이 있어요?

B
- 당분간 과자 만드는 방법을 배우다가 부모님이 그만두시면 제가 이어서 해 볼 생각이에요.
- 처음 몇 년 동안 과자 만드는 방법을 배우고 나서 부모님이 그만하시겠다고 하면 제가 운영할 거예요.
- 처음 몇 년은 과자 만드는 방법을 배울 거예요. 그리고 부모님이 그만두시면 제가 맡아서 운영해 가려고요.

(2) 상대방을 격려할 때 어떻게 표현할까요?

격려하기

A
- 애쓰는 만큼 다 잘될 거예요.
- 노력하면 결과도 좋을 거예요.
- 열심히 하는 만큼 분명히 좋은 결과가 있을 거예요.

B 고마워요. 올리버 씨의 말을 들으니까 용기가 생기네요.

+ 더 알아보기

V-아 오다/어 오다

'-아/어 오다'는 동사와 같이 쓰여 어떤 행동이나 상태가 과거부터 지금까지 계속 변화하거나 진행되고 있음을 나타낸다.

예) 아리랑은 오래전부터 한국 사람들의 사랑을 받아 온 노래예요.
이곳에 살면서 이웃들과 친하게 지내 오고 있어요.
우리 학교의 한국어 프로그램은 1988년부터 운영되어 왔어요.

3 다음 대화를 들은 후 읽어 보세요. 그리고 대화 내용과 순서를 알아보세요. 72

계획 묻고 답하기

올리버 쇼타 씨는 한국어 공부가 끝나면 뭐 할 거예요?

쇼타 일본에 돌아가서 부모님 가게를 이어서 해 볼까 해요. 부모님이 30년 동안 전통 과자 가게를 운영해 오셨는데 이제 제가 그 일을 제대로 배워 보려고요.

구체적인 계획 말하기

올리버 그래요? 구체적인 계획이 있어요?

쇼타 처음 몇 년은 과자 만드는 방법을 배울 거예요. 그리고 부모님이 그만두시면 제가 맡아서 운영해 가려고요. 지금은 가게가 작지만 조금씩 키워 보려고 해요.

계획을 이루는 방법 제안하고 동의하기

올리버 쇼타 씨는 한국어도 할 수 있으니까 인터넷으로 한국에 직접 판매해도 좋겠어요. 여기에서 생활하면서 보니까 일본 과자를 좋아하는 사람들도 많았어요.

쇼타 좋은 생각이네요. 사실 가게를 운영해 본 적이 없어서 좀 걱정이 되긴 하는데 일이 익숙해지면 올리버 씨의 말처럼 사업을 확장해 봐야겠어요.

격려하기

올리버 쇼타 씨는 잘할 수 있을 거예요. 쇼타 씨가 열심히 하는 만큼 분명히 좋은 결과가 있을 거예요.

쇼타 고마워요. 올리버 씨의 말을 들으니까 용기가 생기네요.

4 다음 대화 상황과 역할을 읽고 **2**와 **3**에서 배운 것을 활용해 사람 1과 사람 2가 되어 역할극을 해 보세요.

사람 1

사람 2에게 한국어 공부가 끝난 후의 계획을 물어보세요. 사람 2의 계획을 듣고 구체적인 계획도 물어보세요. 그리고 사람 2가 계획을 이룰 수 있는 방법을 제안하고 사람 2를 격려하세요.

사람 2

앞으로 가수가 되고 싶어요. 계획을 묻는 사람 1에게 계획한 일을 말하세요. 그리고 구체적인 계획을 말하세요. 그리고 사람 1이 제안한 방법에 동의하고 사람 1의 격려에 대해 감사 인사를 하세요.

5 친구와 같이 만든 역할극을 발표해 보세요.

읽고 쓰기

1 다음은 올리버의 미래 계획에 대한 글이에요. 다음을 읽고 밑줄 친 어휘의 의미를 추측해 보세요.

나의 꿈, 나의 계획

나는 30대 중반의 평범한 직장인이다. 조금 다른 점이라고 하면 한국에서 외국인으로 살아가고 있다는 것이다. 나는 한국에 오기 전까지는 그냥 그때그때 관심이 가는 일을 하면서 살아왔다. 구체적인 계획이나 꿈을 가져 본 적이 없다. 그런데 한국에 와서 ① 꿈을 품게 되었다. 그 꿈은 바로 나누는 삶을 사는 것이다.

작년에 여행을 하다가 우연히 평생 학자의 길을 걸어온 교수님 한 분을 만났다. (Ⓐ) 그 교수님은 자신의 집을 경제적인 여유가 없어서 ② 형편이 어려운 예술가들에게 무료 전시 공간으로 내주시고 있었다. (Ⓑ) 그리고 나도 내가 가진 것을 다른 사람들과 나누면서 살아야겠다고 다짐했다. (Ⓒ)

나는 그 꿈을 이루기 위해 유학생을 위한 숙소를 마련하기로 했다. 그래서 내년에 지금보다 넓은 집으로 이사를 할 계획이다. 그리고 경제적으로 힘든 유학생들에게 남는 방을 내주려고 한다. 그곳을 단순히 먹고 자기만 하는 숙소가 아닌 기쁜 일도 어려운 일도 함께 이야기하면서 ③ 고민을 나누는 공간으로 만들고 싶다. 그리고 서로의 꿈을 응원하는 공간으로 만들어 갈 것이다. 나는 작은 나눔으로 다른 사람의 꿈을 돕는 사람이 되고 싶다.

2 밑줄 친 어휘의 의미는 무엇이에요? 추측한 의미를 써 보세요. 그리고 사전에서 그 어휘의 의미를 찾아보세요.

어휘	추측한 의미	사전에서의 의미
① 꿈을 품다		
② 형편이 어렵다		
③ 고민을 나누다		

3 다음 물음에 답해 보세요.

(1) 다음 문장이 들어갈 곳으로 알맞은 것을 골라 보세요.

> 그분과 이야기를 하던 중 나누는 만큼 행복이 커진다는 말을 듣고 나서 '나는 어떤 사람이 될 것인가?'를 진지하게 고민하게 되었다.

① Ⓐ　　② Ⓑ　　③ Ⓒ

(2) 다음 중 위의 글의 내용으로 맞지 않는 것을 골라 보세요.

① 나는 한국에서 회사 생활을 하고 있는 외국인이다.
② 나는 다른 사람들을 돕기 위해서 한국에 왔다.
③ 나는 가진 것을 다른 사람을 위해 나누고 싶다.

(3) 내가 만난 사람에 대한 설명으로 알맞은 것을 골라 보세요.

① 일을 그만두고 여행을 다니면서 살고 있다.
② 예술가들에게 전시 공간을 저렴한 비용으로 빌려준다.
③ 나누는 삶을 살면서 행복해하고 있다.

(4) 나는 유학생을 위한 숙소를 어떤 공간으로 만들고 싶은지 써 보세요.

4 자신의 꿈을 생각해 보고 미래에 대한 계획을 세우는 글을 쓰려고 해요.

(1) 여러분의 생각을 써 보세요.

꿈은 무엇입니까?	
그 꿈을 갖게 된 계기는 무엇입니까?	
그 꿈을 이루기 위한 계획은 무엇입니까?	

(2) (1)을 바탕으로 미래 계획에 대한 글을 써 보세요.

어휘와 표현 확인

의미를 아는 어휘나 표현에 √표 해 보세요.

1 귀국하려다가 한국에 남기로 했어요

- ☐ 미래가 보장되다
- ☐ 보수가 높다
- ☐ 전공을 살리다
- ☐ 재능이 있다
- ☐ 전망이 좋다
- ☐ 적성에 맞다
- ☐ 통계
- ☐ 우주
- ☐ 윗집
- ☐ 끊기다
- ☐ 굶다
- ☐ 옮기다
- ☐ 등록금
- ☐ 마련하다
- ☐ 참다
- ☐ 방송학
- ☐ 구직
- ☐ 경험
- ☐ 이력서
- ☐ 지원자

2 노력하는 만큼 좋은 결과가 있을 거예요

- ☐ 연봉
- ☐ 경력
- ☐ 근무 환경
- ☐ 남
- ☐ 벌다
- ☐ 손에 꼽다
- ☐ 대사
- ☐ 합치다
- ☐ 문학
- ☐ 번역
- ☐ 번역가
- ☐ 마음을 먹다
- ☐ 갖다
- ☐ 영향
- ☐ 사회복지학과
- ☐ 화상을 입다
- ☐ 가능성
- ☐ 마흔
- ☐ 수술을 받다
- ☐ 삶
- ☐ 절망하다
- ☐ 완전히
- ☐ 힘쓰다
- ☐ 영향력을 끼치다
- ☐ 당하다

3 부모님 가게를 제가 맡아서 운영해 가려고요

- ☐ 사업을 확장하다
- ☐ 작가로 성공하다
- ☐ 실력을 인정받다
- ☐ 나누는 삶을 살다
- ☐ 학자의 길을 걷다
- ☐ 최고의 자리에 오르다
- ☐ 새로운 기술을 개발하다
- ☐ 부모님 가게를 이어서 하다
- ☐ 넓히다
- ☐ 집안
- ☐ 경영하다
- ☐ 훌륭하다
- ☐ 상태
- ☐ 엊그제
- ☐ 범죄
- ☐ 사업가
- ☐ 세계적
- ☐ 정치가
- ☐ 환경운동가
- ☐ 소아과
- ☐ 교육자
- ☐ 경비
- ☐ 운영하다
- ☐ 격려하다
- ☐ 애쓰다
- ☐ 용기
- ☐ 중반
- ☐ 평범하다
- ☐ 꿈을 품다
- ☐ 경제적
- ☐ 형편이 어렵다
- ☐ 예술가
- ☐ 내주다
- ☐ 다짐하다
- ☐ 단순히
- ☐ 진지하다
- ☐ 비용

부록

Appendix

3 학생 A와 B가 되어 '-자고 하다'를 사용해 말해 보세요. 그리고 친구의 말을 듣고 ○ 또는 ×표 해 보세요.

학생 B

학생 A p.24 >

(1)

- 여행지 제주도
- 일정 3박 4일
- 할 일

할 일	
해수욕을 하다	○
올레길을 걷다	○
한라산에 올라가다	×
싱싱한 해산물을 먹다	○
바다에서 잠수함을 타다	×

(2)

- 여행지 전주
- 일정 1박 2일
- 할 일

할 일	
한복을 입다	
한옥에서 묵다	
전통 춤을 배우다	
전주비빔밥을 먹다	
한옥 마을을 구경하다	

(3)

- 여행지 설악산
- 일정 2박 3일
- 할 일

할 일	
설악산에서 캠핑하다	○
음식을 만들어서 먹다	×
새벽에 해돋이를 보다	×
멋진 사진을 많이 찍다	○
차를 타고 바닷가에 가다	○

A 엘렌이 이번 방학에 같이 제주도에 가자고 해서 3박 4일 동안 가려고 해. 엘렌이 제주도에서 해수욕을 하자고 했어. 그리고 올레길도 걷자고 했어. 그런데 한라산에는 올라가지 말자고 했어. 싱싱한 해산물은 먹자고 했어. 그런데 바다에서 잠수함은 타지 말자고 했어.

B 그래? 재미있겠다. 여행 잘 다녀와.

9단원 | 특별한 날

3 학생 A와 B가 되어 '-아/어 있다'를 사용해 말해 보세요. 그리고 서로 다른 그림을 찾아 동그라미 하세요.

학생 B

(5) 상우가 눕다	(6) 물병에 물이 들다
(7) 유나가 앉다	(8) 꽃이 피다

학생 A p.68 >

A 자동차가 주차되어 있어요?

B 네. 자동차가 주차되어 있어요.

3 진차오와 조슈아가 할 줄 아는 것이 뭐예요? 학생 A와 B가 되어 '-(으)ㄹ 줄 알다/모르다'를 사용해 말해 보세요. 그리고 친구의 대답을 듣고 ✓표 해 보세요.

학생 B

학생 A p.88 >

[조슈아] 질문하세요!

(5) 컴퓨터를 고치다	□ 네	□ 아니요
(6) 비누를 만들다	□ 네	□ 아니요
(7) 카드 게임을 하다	□ 네	□ 아니요
(8) 인터넷으로 돈을 보내다	□ 네	□ 아니요

[진차오] 대답하세요!

(1)

(2)

(3)

(4)

A 진차오 씨는 바둑을 둘 줄 알아요?

B 네. 바둑을 둘 줄 알아요.

11 단원 | 문제 해결

3 학생 A와 B는 룸메이트예요. 학생 A와 B가 되어 '-아/어 놓다'를 사용해 말해 보세요. 그리고 친구의 대답을 듣고 √표 해 보세요.

학생 B

학생 A p.112 >

[청소] 질문하세요!

	확인	
(5) 바닥을 닦다	□ 네	□ 아니요
(6) 청소기를 돌리다	□ 네	□ 아니요
(7) 책장에 책을 꽂다	□ 네	□ 아니요
(8) 빨래를 널다	□ 네	□ 아니요

[요리] 대답하세요!

	확인	
(1) 계란을 삶다	☑ 네	□ 아니요
(2) 감자를 찌다	☑ 네	□ 아니요
(3) 찌개를 끓이다	□ 네	☑ 아니요
(4) 밥을 짓다	☑ 네	□ 아니요

A 요리하느라고 힘들었지요? 계란은 삶았어요?

B 네. 계란을 삶아 놓았어요.

듣기 지문 및 정답

7단원 | 운동 경기와 공연

도입

1. 쇼타 진영 씨, 어떤 공연을 좋아해요?
   진영 저는 배우들의 연기, 노래, 춤을 다 볼 수 있는 뮤지컬을 좋아해요.
2. 올리버 토요일에 야구 보러 잠실야구장에 갔었지? 재미있었어?
   루이즈 응원도 하고 맛있는 것도 먹고 정말 재미있었어. 다음엔 너도 같이 가자.
3. 마테오 어제 너무 피곤해서 일찍 잤는데 축구 경기 결과는 어떻게 됐어요?
   진차오 이강은 선수가 두 골을 넣어서 이겼어요.

1. C 2. A 3. B

1 친구가 야구 경기를 보러 가자고 해요

문법 1

1. A 올리버 씨, 아까 진차오가 뭐라고 했어요?
   B 오늘 야구 경기가 몇 시에 시작하냐고 했어요. 그런데 조슈아 씨, 그건 왜요?

   (2)

3. (3) A 다샤 씨, 면접관이 어떤 질문을 했어요?
   B 중소기업을 선택한 이유가 무엇이냐고/뭐냐고 했어요.

   (4) A 다샤 씨, 면접관이 어떤 질문을 했어요?
   B 회사 업무와 관련된 경험이 있냐고 했어요.

   (5) A 다샤 씨, 면접관이 어떤 질문을 했어요?
   B 어떤 상황에서 스트레스를 받냐고 했어요.

   (6) A 다샤 씨, 면접관이 어떤 질문을 했어요?
   B 입사 후 회사와 맞지 않으면 어떻게 하겠냐고 했어요.

문법 2

1. 나는 이번 학기에 쇼타하고 같이 동아리를 하고 싶었다. 그래서 쇼타에게 같이 사진 동아리를 <u>하자고 했다</u>. 그런데 쇼타는 어려운 사람을 돕는 동아리를 하는 게 <u>어떠냐고 하면서</u> 나에게 봉사 활동 동아리를 같이 **하자고 했다**. 쇼타는 봉사 활동 동아리를 꼭 <u>해 보고 싶다고 했다</u>. 쇼타의 말을 듣고 나도 봉사 활동 동아리에 관심이 생겼다.

3. (2)

학생 A

A 엘렌이 이번 방학에 같이 전주에 가자고 해서 1박 2일 동안 가려고 해. 엘렌이 전주에서 한복을 입자고 했어. 그리고 한옥에서 묵자고 했어. 그런데 전통 춤은 배우지 말자고 했어. 그리고 전주비빔밥도 먹지 말자고 했어. 그런데 한옥 마을은 구경하자고 했어.

B 그래? 재미있겠다. 여행 잘 다녀와.

학생 B

- 여행지 전주
- 일정 1박 2일
- 할 일

할 일	
한복을 입다	○
한옥에서 묵다	○
전통 춤을 배우다	×
전주비빔밥을 먹다	×
한옥 마을을 구경하다	○

(3)

학생 A

- 여행지 설악산
- 일정 2박 3일
- 할 일

할 일	
설악산에서 캠핑하다	○
음식을 만들어서 먹다	×
새벽에 해돋이를 보다	×
멋진 사진을 많이 찍다	○
차를 타고 바닷가에 가다	○

학생 B

B 엘렌이 이번 방학에 같이 설악산에 가자고 해서 2박 3일 동안 가려고 해. 엘렌이 설악산에서 캠핑을 하자고 했어. 그런데 음식은 만들어서 먹지 말자고 했어. 그리고 새벽에 해돋이도 보지 말자고 했어. 그런데 멋진 사진을 많이 찍자고 했어. 그리고 차를 타고 바닷가에도 가자고 했어.

A 그래? 재미있겠다. 여행 잘 다녀와.

듣기

2.

쇼타	마테오, 다음 주 토요일에 뭐 해? 특별한 계획이 있어?
마테오	아니. 아직 없어. 그런데 왜?
쇼타	상우가 잠실야구장에서 하는 야구 경기를 보러 가자고 하면서 너도 같이 갈 수 있는지 물어보라고 해서. 너 야구 좋아하잖아.
마테오	그래. 맞아. 가끔 한국 프로야구 경기를 텔레비전으로 봤는데 재미있어서 경기장에서 직접 보고 싶었었어.
쇼타	정말? 그럼 같이 가자. 이번 경기는 서울팀과 부산팀이 하는 경기라고 하는데 너는 혹시 응원하는 팀이 있어?
마테오	아니. 없어. 그런데 한국에서는 관중들이 같이 노래도 부르고 춤도 추면서 경기를 관람한다고 들었어. 그래서 특별히 응원하는 팀은 없지만 재미있을 것 같아.
쇼타	나도 야구장에서 응원도 하고 치킨도 먹어 보고 싶었어. 경기 시작이 6시니까 우리 5시쯤 만날까? 상우한테도 좀 일찍 만날 수 있냐고 물어볼게.
마테오	좋아. 야구 경기를 직접 본다고 생각하니까 벌써부터 마음이 설렌다.

(1) ① (2) ① (3) ②

2 우승을 하다니 꿈만 같아요

문법 3

1. (1) A 상우 씨, 뉴스 봤어요? 어제 부산에 눈이 왔대요.
   B 정말요? 5월에 눈이 오다니 믿을 수가 없어요.

   (2) A 진영 씨, 어제 학교 앞 맛집에 갔는데 두 시간이나 기다렸어요.
   B 네? 상우 씨처럼 바쁜 사람이 두 시간이나 기다리다니 그게 정말이에요?

(1) ① (2) ②

3. (1) A 저는 매일 6시에 일어나요.
   B 정말요? 매일 6시에 일어나다니 대단하네요.

   (2) A 저는 김치를 담그는 게 쉬워요.
   B 정말요? 김치를 담그는 게 쉽다니 대단하네요.

   (3) A 저는 5개 국어를 말할 수 있어요.
   B 정말요? 5개 국어를 말할 수 있다니 대단하네요.

   (4) A 저는 어제 혼자서 불고기 5인분을 먹었어요.
   B 정말요? 혼자서 불고기 5인분을 먹다니 대단하네요.

   (5) A 저는 대학생 때 아르바이트해서 모은 돈이 1,000만 원이에요.
   B 정말요? 대학생 때 아르바이트해서 모은 돈이 1,000만 원이라니 대단하네요.

   (6) A 저는 지금 3급에서 공부하고 있는데 한국어능력시험 4급을 땄어요.
   B 정말요? 지금 3급에서 공부하고 있는데 한국어능력시험 4급을 따다니 대단하네요.

듣고 쓰기

2.

루이즈	마테오, 어제 K리그 결승 경기 봤어?
마테오	응. 봤어. 정말 최고로 멋진 경기였지.
루이즈	맞아. 난 서울팀이 경기가 시작하자마자 두 골이나 넣어서 쉽게 이길 거라고 생각했어. 그런데 후반에 부산팀이 두 골을 넣어서 2 대 2가 됐잖아.
마테오	그래. 그리고 부산팀이 경기가 끝나기 바로 전에 한 골을 더 넣어서 결국 3 대 2로 이겼지.
루이즈	축구 해설자도 처음엔 국가 대표 선수가 많은 서울팀이 이길 거라고 예상했는데 부산팀이 이겨서 놀랐다고 했어.
마테오	그랬구나. 난 경기 후에 한 부산팀 감독과 선수들의 인터뷰도 봤는데 모두들 우승을 하다니 정말 꿈만 같다고 했어. 눈물까지 흘리는 선수도 있었고.
루이즈	나도 봤어. K리그에서 처음 우승한 기분이 어떠냐는 질문에 감독은 우승을 하는 데에 10년이라는 긴 시간이 걸렸다고 하면서 항상 믿고 응원해 준 팬들에게 감사하다고 했어.
마테오	10년 만에 첫 우승이라니 정말 기쁠 것 같다.

(2) 1) ②
2) 국가 대표 선수가 많은 서울팀이 이길 거라고 예상했어요.
3) 우승을 하다니 정말 꿈만 같다고 했어요.

3. (2) (예시)

루이즈는 어제 K리그 결승 경기를 봤어요. 이번 경기는 정말 최고로 멋진 경기였어요. 루이즈는 경기가 시작하자마자 두 골을 넣은 서울팀이 쉽게 이길 거라고 예상했어요. 그런데 후반에 부산팀이 세 골을 넣어서 결국 부산팀이 이겼어요. 루이즈와 마테오는 부산팀 감독과 선수들의 인터뷰도 봤어요. 인터뷰에서 감독과 선수들은 우승을 하다니 꿈만 같다고 했어요. 그리고 K리그에서 처음 우승한 기분이 어떠냐는 질문에 항상 믿고 응원해 준 팬들에게 감사하다고 했어요.

읽고 말하기

2.

마샬 아츠(martial arts)

어떤 운동이에요?	뒤로 돌기, 공중 돌기, 발차기 등 다양한 동작으로 구성된 운동이다. 기초 체력을 기르고 근육을 단련해서 몸으로 다양한 동작을 할 수 있게 하는 운동이다.
어떤 효과가 있어요?	쉬운 동작부터 시작해서 점차 어려운 동작을 배워서 체력이 강해진다. 그리고 어려운 동작에 성공하게 되면 자신감도 생기고 성취감도 느낄 수 있다.
요즘 왜 인기를 끌고 있어요?	체력을 기르고 근육을 단련해서 액션 배우처럼 맨몸으로 다양한 동작을 할 수 있어서 인기를 끌고 있다.

3 배우들이 연기를 정말 잘하던데요

어휘와 표현 2

2. (1) A 안나 씨, 공연 잘 봤어요? 안나 씨는 어떤 장면이 좋았어요?
B 전 마지막에 배우들이 모두 나와서 같이 춤추는 장면이 가장 좋았어요. 잊지 못할 것 같아요.

(2) A 친구랑 한국 전통 음악 공연을 보러 가기로 했는데 그 공연이 어떤 공연인지 아는 게 없어서 걱정이야.
B 걱정하지 마, 엘렌. 인터넷에서 그 공연에 대해 알아보고 가면 되잖아.

(3) A 다샤 씨, 영화 <그날들>이 뮤지컬로 만들어져서 내년 5월쯤 공연될 거래요.
B 정말요? 영화도 정말 재미있었는데. 공연하면 우리 꼭 보러 가요.

(4) A 루이즈 씨, 지금 연극을 보고 우는 거예요?
B 딸에 대한 아버지의 따뜻한 사랑이 마음속까지 느껴져서 저도 모르게 눈물이 났어요.

(5) A 이번엔 작은 규모의 공연을 계획 중이신 걸로 알고 있는데 특별한 이유가 있습니까?
B 네. 관객들의 반응을 가깝게 느끼고 싶어서 작은 공연장에서 하게 됐어요. 이번에 새로 나온 노래 분위기와도 잘 맞고요.

(1) 장면이 인상적이었어요
(2) 공연 정보를 검색할 거예요
(3) 뮤지컬로 제작돼서
(4) 감동을 받아서
(5) 소극장에서 공연할 거예요

문법 4

3. (1) A 어제 새로 시작한 드라마 봤어요?
B 네. 드라마가 정말 재미있던데요.
(2) A 기숙사 옆에 있는 학생 식당은 작아요?
B 아니요. 학생 식당이 크던데요.
(3) A 피아노 연주회 표가 아직 있을까요?
B 네. 2층은 아직 자리가 있던데요.
(4) A 올리버가 수업 시간에 열심히 공부해요?
B 아니요. 수업 시간에 졸던데요.
(5) A 내일 등산하기로 했는데 날씨가 좋을까요?
B 아니요. 내일 날씨가 흐리던데요.
(6) A 진차오에게 물어볼 게 있는데 진차오를 봤어요?
B 네. 수업이 끝나자마자 나가던데요.

읽고 쓰기

2.

1단락	공연을 보러 가게 된 배경
2단락	공연의 내용
3단락	공연에 대한 감상
4단락	공연 관람 후 느낌

3. (1) ① (2) ② (3) ③
(4) 빌리가 아버지 앞에서 춤을 추는 장면이다.

8단원 | 실수와 사과

도입

1. 진영 엘렌! 엘렌! 어? 다샤 씨였어요?
다샤 네. 저예요. 제 뒷모습이 엘렌하고 비슷해요? 요즘 저를 엘렌으로 보는 사람들이 많네요.
2. 안나 어제 위칭한테 미안하다고 말했어?
진차오 응. 그런데 위칭이 괜찮다고 말해 줘서 고마웠어.
3. 상우 올리버 씨, 어제 미국에서 손님이 왔다고 했죠? 잘 만났어요?
올리버 네. 그런데 그 사람하고 인사할 때 저도 모르게 악수하는 대신에 허리를 굽혀서 인사했어요.

1. B 2. C 3. A

1 친구 옷을 입고 나갔다가 옷에 주스를 쏟았어요

문법 1

1. A 왜 기숙사에 다시 돌아왔어요?
B 아, 숙제를 안 가져가서요. 학교에 갔다가 숙제 공책이 없어서 다시 돌아왔어요.

(1)

3. (1) A 엘렌 씨, 코트를 벗었어요?
B 네. 입었다가 더워서 벗었어요.
(2) A 엘렌 씨, 장갑을 벗었어요?
B 네. 꼈다가 답답해서 벗었어요.

(3) A 엘렌 씨, 선글라스를 벗었어요?
B 네. 썼다가 비가 와서 벗었어요.

(4) A 엘렌 씨, 약속을 취소했어요?
B 네. 약속을 잡았다가 중요한 일이 생겨서 취소했어요.

(5) A 엘렌 씨, 음식 배달을 취소했어요?
B 네. 시켰다가 너무 오래 걸려서 취소했어요.

(6) A 엘렌 씨, 운전면허 시험을 취소했어요?
B 네. 신청했다가 자신이 없어서 취소했어요.

문법 2

1. 룸메이트가 나 때문에 화가 났다. 내가 약속을 어겼기 때문이다. 오늘 내가 청소를 하기로 했는데 친구들과 노느라고 늦게 들어왔다. 그리고 집에 온 후에는 게임을 **하느라고** 또 청소를 못 했다. 룸메이트하고 한 약속을 못 지켜서 미안했다.

3. (1) A 쇼타 씨는 왜 수업에 늦었어요? 잠을 자느라고 늦었어요? / 만화책을 읽느라고 늦었어요? / 강아지하고 노느라고 늦었어요? / 친구와 이야기하느라고 늦었어요?
B 땡! / 딩동댕!

(2) A 쇼타 씨는 왜 늦게 출발했어요? 잠을 자느라고 늦게 출발했어요? / 만화책을 읽느라고 늦게 출발했어요? / 강아지하고 노느라고 늦게 출발했어요? / 친구와 이야기하느라고 늦게 출발했어요?
B 땡! / 딩동댕!

(3) A 쇼타 씨는 왜 숙제를 못 했어요? 잠을 자느라고 못 했어요? / 만화책을 읽느라고 못 했어요? / 강아지하고 노느라고 못 했어요? / 친구와 이야기하느라고 못 했어요?
B 땡! / 딩동댕!

(4) A 쇼타 씨는 왜 전화를 못 받았어요? 잠을 자느라고 못 받았어요? / 만화책을 읽느라고 못 받았어요? / 강아지하고 노느라고 못 받았어요? / 친구와 이야기하느라고 못 받았어요?
B 땡! / 딩동댕!

듣기

2. 루이즈 진영 씨, 저 어떡해요? 어제 걱정하느라고 잠도 잘 못 잤어요.
진영 왜요? 무슨 일인데요?
루이즈 지난주에 엘렌한테서 하얀색 블라우스를 빌렸는데요. 그걸 입고 친구 결혼식에 갔다가 블라우스에 딸기 주스를 쏟았어요.
진영 딸기 주스요? 주스는 잘 안 지워지는데.
루이즈 그러니까요. 그래서 바로 물수건으로 닦았는데 옷에 얼룩이 남았어요.
진영 그럼 세탁소에 가져가 보지그래요.
루이즈 안 그래도 세탁소에 맡겼다가 어제 찾았는데 얼룩이 깨끗하게 없어지지 않았어요. 엘렌한테 미안해서 아직 말도 못 했어요. 그래서 마음이 무거워요.
진영 더 늦기 전에 엘렌한테 말하고 사과하는 게 어때요? 그리고 비슷한 옷으로 사 주는 게 좋겠어요.
루이즈 알겠어요. 바로 엘렌한테 연락해 볼게요. 진영 씨, 고마워요.

(1) ③ (2) ① (3) ①

2 얼굴이 빨개지고 말았어요

문법 3

1. (1) A 어제 탁구 경기는 어떻게 됐어요?
B 우리 팀이 처음에는 이기고 있었는데 마지막에 실수해서 지고 말았어요.
(2) A 다샤는 남자 친구하고 잘 지내요?
B 아니요. 지난달에 남자 친구가 유학을 가서 결국 헤어지고 말았대요.

(1) ① (2) ①

3. (1) A 피노키오에게 무슨 일이 있었어요?
B 거짓말을 해서 코가 길어지고 말았어요.

(2) A 앨리스에게 무슨 일이 있었어요?
B 토끼를 따라가다가 굴에 떨어지고 말았어요.

(3) A 백설공주에게 무슨 일이 있었어요?
B 독이 든 것을 모르고 사과를 먹고 말았어요.

(4) A 인어공주에게 무슨 일이 있었어요?
B 왕자의 사랑을 얻지 못해 물거품이 되고 말았어요.

(5) A 해님달님에게 무슨 일이 있었어요?
B 호랑이에게 속아서 문을 열어 주고 말았어요.

(6) A 개구리 왕자에게 무슨 일이 있었어요?
B 나쁜 마녀 때문에 개구리로 변하고 말았어요.

듣고 쓰기

2.
안나 난 한국에 온 지 6개월이 넘었는데 아직도 한국 생활에 적응이 안 된 것 같아.
올리버 왜? 무슨 일이 있었어?
안나 어제 길을 건너려고 횡단보도에 있는데 신호가 안 바뀌는 거야.
올리버 그래서?
안나 옆에 보니까 기둥에 빨간 버튼이 있어서 그걸 눌렀어. 독일에선 그걸 누르면 신호가 바뀌거든.
올리버 그거 눈이 안 보이는 사람들을 위한 거 아냐?
안나 맞아. 누르니까 곧 신호가 바뀔 거니까 잠깐 기다려 달라는 방송이 나왔어. 그걸 듣고 옆에 있던 사람들이 날 쳐다봐서 얼굴이 빨개지고 말았어. 올리버, 넌 이렇게 창피한 적 없었지?
올리버 기억 안 나? 1급 수업 첫날 선생님께 "너는 한국어 선생님이에요?"라고 했었잖아.
안나 아, 그랬었지. 기억나. 그때 선생님도 당황하셨었어.
올리버 한국에서 살면서 적응하느라고 고생도, 실수도 많이 하지만 그러면서 많이 배우는 것 같아.

(2) 1) 횡단보도에서 기둥에 있는 빨간 버튼을 눌렀어요.
2) 얼굴이 빨개지고 말았어요.
3) ③

3. (2) (예시)

안나는 한국에 온 지 6개월이 넘었는데 아직 적응이 안 된 것 같다고 생각해요. 안나는 어제 횡단보도의 신호가 바뀌지 않아서 기둥에 있는 빨간 버튼을 눌렀어요. 독일에서는 그 버튼을 누르면 신호가 바뀌기 때문이었어요. 그런데 그 버튼은 눈이 안 보이는 사람들을 위한 거였어요. 그래서 안내 방송이 나왔고 옆에 있던 사람들이 안나를 쳐다봐서 안나는 얼굴이 빨개지고 말았어요. 그런데 올리버도 1급 수업 첫날 선생님께 실수로 '너'라고 말한 적이 있어요. 올리버는 한국에서 살면서 적응하느라고 고생도, 실수도 많이 하지만 그러면서 많이 배우는 것 같다고 했어요.

읽고 말하기

2.

두 나라의 문화가 어떻게 달라요?
한국하고 미국은 약국에서 할 수 있는 일이 다르다. 미국에서는 약국에서 독감 예방 주사를 맞을 수 있지만 한국에서는 약국에서 독감 예방 주사를 맞을 수 없다. 한국에서 독감 예방 주사를 맞으려면 병원에 가야 된다.

3 확인했으면 실수하지 않았을 텐데 죄송해요

어휘와 표현 2

2. (1) A 엘렌 씨, 지난주에 친구하고 싸웠다고 했죠?
B 네. 그런데 친구가 미안하다고 하면서 다음부터는 조심하겠다고 해서 제가 알겠다고 했어요.

(2) A 유나 씨, 요즘 룸메이트하고 잘 지내는 것 같네요.
B 네. 제가 룸메이트에 대해 잘못 생각하고 있던 게 많았어요. 서로 솔직하게 이야기를 했는데 룸메이트가 그동안 왜 그랬는지 이해하게 됐어요.

(3) A 진차오 씨, 주말에 안나하고 만나서 같이 카페에서 공부했죠? 둘이 사귀는 사이예요?
B 네? 아니에요. 안나가 숙제 좀 도와달라고 해서 같이 공부한 거예요.

(4) A 올리버 씨, 회의 끝났죠? 김 선배가 오늘은 늦지 않았겠죠?
B 말도 마세요. 오늘도 늦었어요. 그런데 이번에도 잘못했다고 하지는 않고 이런저런 이유 때문에 어쩔 수 없이 늦었다고 하지 뭐예요.

(5) A 진영 씨, 어제 교통사고 났다고 들었는데 괜찮아요? 다친 데는 없어요?
B 네. 가벼운 사고였어요. 상대방 차가 조금 망가졌는데 제가 잘못한 거라서 100퍼센트 제 실수라고 말하고 차를 수리해 주기로 했어요.

(1) 사과를 받아 줬어요
(2) 오해를 풀었어요
(3) 오해를 받았어요
(4) 핑계를 댔어요
(5) 잘못을 인정하고

문법 4

3. (1) A 위칭 씨, 주말에 산에 갈 거죠? 많이 걸으면 목이 마를 텐데 물을 가지고 가세요.
B 네. 알겠어요. 물을 가지고 갈게요.

(2) A 위칭 씨, 주말에 산에 갈 거죠? 산에 가면 벌레가 많을 텐데 벌레 약을 가지고 가세요.
B 네. 알겠어요. 벌레 약을 가지고 갈게요.

(3) A 위칭 씨, 주말에 산에 갈 거죠? 저녁이 되면 비가 올 텐데 비옷을 가지고 가세요.
B 네. 알겠어요. 비옷을 가지고 갈게요.

(4) A 위칭 씨, 주말에 산에 갈 거죠? 산에서 밥을 먹어야 할 텐데 도시락을 가지고 가세요.
B 네. 알겠어요. 도시락을 가지고 갈게요.

(5) A 위칭 씨, 주말에 산에 갈 거죠? 산속에 들어가면 서늘할 텐데 따뜻한 겉옷을 가지고 가세요.
B 네. 알겠어요. 겉옷을 가지고 갈게요.

(6) A 위칭 씨, 주말에 산에 갈 거죠? 산에 올라가는 동안 땀이 날 텐데 손수건을 가지고 가세요.
B 네. 알겠어요. 손수건을 가지고 갈게요.

읽고 쓰기

2.

표현	가리키는 말
① 그것	몽골의 독특한 사과 방법
② 이것	몽골의 독특한 사과 방법
③ 그 행동	상대방의 손을 잡은 행동
④ 이 일	버스에서 다른 사람의 발을 밟은 후 몽골에서처럼 손을 잡으면서 사과한 일

3. (1) ② (2) ① (3) ①
(4) 말로 사과하지 않고 상대방에게 손을 내밀어 악수를 청한다.

9단원 | 특별한 날

도입

1. 안나 마테오 씨, 이야기 들었어요? 어제 눈이 많이 와서 학교 앞에서 교통사고가 크게 났대요.
   마테오 아, 그래서 어제 그렇게 길이 막힌 거군요.
2. 올리버 레아 씨, 어제 뭐 했어요?
   레아 결혼기념일이라서 남편과 오랜만에 처음 만난 식당에 가서 식사했어요.
3. 쇼타 루이즈 씨, 한국에 처음 왔을 때 기분이 어땠어요?
   루이즈 한국에 도착했을 때 좀 긴장됐지만 새로운 생활을 시작할 생각을 하니까 설레고 좋았어요.

1. B 2. C 3. A

1 졸업식에 사람들이 많이 와 있었어요

문법 1

1. (1) A 요즘 어떤 휴대 전화가 인기가 있어요?
   B 디자인이 예쁘다거나 가격이 저렴한 게 잘 팔려요. 그리고 기능이 많은 것보다 전화나 문자, 인터넷만 되는 휴대 전화도 잘 팔리고요.

   (2) A 올리버 씨, 주말을 어떻게 보내요? 보통 집에 있어요?
   B 네. 주말에 외출 안 해요. 책을 읽는다거나 드라마를 본다거나 하면서 보내요.

   (1) ①, ② (2) ②, ③

3. (1) A 스트레스를 받을 때 어떻게 해요?
   B 잠을 잔다거나 게임을 한다거나 해요. / 잠을 잔다거나 매운 음식을 먹는다거나 해요. / 게임을 한다거나 매운 음식을 먹는다거나 해요. / 잠을 잔다거나 게임을 한다거나 매운 음식을 먹는다거나 해요.

   (2) A 졸릴 때 어떻게 해요?
   B 세수한다거나 껌을 씹는다거나 해요. / 세수한다거나 창문을 연다거나 해요. / 껌을 씹는다거나 창문을 연다거나 해요. / 세수한다거나 껌을 씹는다거나 창문을 연다거나 해요.

   (3) A 공부할 때 어떻게 해요?
   B 반복해서 쓴다거나 책에 밑줄을 긋는다거나 해요. / 반복해서 쓴다거나 중요한 내용을 정리한다거나 해요. / 책에 밑줄을 긋는다거나 중요한 내용을 정리한다거나 해요. / 반복해서 쓴다거나 책에 밑줄을 긋는다거나 중요한 내용을 정리한다거나 해요.

   (4) A 외로울 때 어떻게 해요?
   B 친구를 만난다거나 취미 활동을 한다거나 해요. / 친구를 만난다거나 가족에게 전화한다거나 해요. / 취미 활동을 한다거나 가족에게 전화한다거나 해요. / 친구를 만난다거나 취미 활동을 한다거나 가족에게 전화한다거나 해요.

   (5) A 모르는 단어가 있을 때 어떻게 해요?
   B 사전을 찾는다거나 친구에게 물어본다거나 해요. / 사전을 찾는다거나 문장을 읽고 추측한다거나 해요. / 친구에게 물어본다거나 문장을 읽고 추측한다거나 해요. / 사전을 찾는다거나 친구에게 물어본다거나 문장을 읽고 추측한다거나 해요.

   (6) A 숙제를 안 가져왔을 때 어떻게 해요?
   B 내일 낸다거나 집에 가서 가져온다거나 해요. / 내일 낸다거나 학교에서 다시 한다거나 해요. / 집에 가서 가져온다거나 학교에서 다시 한다거나 해요. / 내일 낸다거나 집에 가서 가져온다거나 학교에서 다시 한다거나 해요.

문법 2

3. **학생 A**

(1) 자동차가 주차되다	(2) 고양이가 숨다
(3) 게시판에 포스터가 붙다	(4) 쓰레기통이 비다

(1) A 자동차가 주차되어 있어요?
B 네. 자동차가 주차되어 있어요.

(2) A 고양이가 숨어 있어요?
B 아니요. 고양이가 숨어 있지 않아요.

(3) A 게시판에 포스터가 붙어 있어요?
B 네. 게시판에 포스터가 붙어 있어요.

(4) A 쓰레기통이 비어 있어요?
B 아니요. 쓰레기통이 비어 있지 않아요.

학생 B

(5) 상우가 눕다	(6) 물병에 물이 들다
(7) 유나가 앉다	(8) 꽃이 피다

(5) B 상우가 누워 있어요?
A 네. 상우가 누워 있어요.

(6) B 물병에 물이 들어 있어요?
A 아니요. 물병에 물이 들어 있지 않아요.

(7) B 유나가 앉아 있어요?
A 아니요. 유나가 서 있어요.

(8) B 꽃이 피어 있어요?
A 네. 꽃이 피어 있어요.

듣기

2. 진행자 1 다음은 신촌에 살고 있는 레아 브누아 씨가 보내 준 사연을 소개해 드리겠습니다. 오늘이 결혼기념일인데 남편을 처음 만났을 때부터 지금까지의 생활 등 여러 가지가 생각나서 사연을 보내셨다고 하는데요. 한번 들어 볼까요?

진행자 2 저는 2년 전에 한국어를 공부하기 위해 한국에 왔는데 그때 친구 소개로 지금 남편을 만나게 됐습니다. 소개받은 후 같이 뮤지컬을 본다거나 밥을 먹는다거나 했는데 얼마 지나지 않아 서로 마음이 통한다는 것을 알게 됐습니다. 그래서 누가 먼저 사귀자고 말하지는 않았지만 자연스럽게 사귀게 됐습니다. 그렇게 1년이 지났고 한국어 6급을 마칠 때쯤 저는 이 사람과 평생 같이 있고 싶다는 생각이 들었습니다. 제가 먼저 청혼할 계획을 세우고 저녁에 만나자고 했습니다. 만나기로 한 날 어떻게 말을 해야 할지 고민하면서 카페에 들어갔는데 그 사람이 먼저 와 자리에 앉아 있었습니다. 제가 이야기를 시작하려고 하니까 잠깐 기다려 달라고 하면서 옷 주머니 안에 들어 있던 반지를 꺼내서 저에게 껴 줬습니다. 그리고 떨리는 목소리로 자기와 결혼해 달라고 했습니다. 저는 이렇게 청혼을 받게 됐습니다.

진행자 1 이야기가 정말 흥미로운데요. 잠깐 광고를 들은 후에 레아 씨와 전화 연결을 해서 청혼을 받은 후에 결혼식은 어떻게 했고 지금은 어떻게 살고 계시는지 들어 볼까요?

(1) ① (2) ③ (3) ①

2 한국에 처음 와서 긴장한 모양이에요

문법 3

1. 안나가 정장을 입고 학교에 왔다. 얼마 전에 들어가고 싶은 회사에 지원했다고 들었는데 오늘 **면접을 보는 모양이다**. 평소에 잘 웃던 안나가 오늘은 잘 웃지 않는다. 벌써부터 많이 긴장되는 모양이다. 하지만 평소의 안나를 생각하면 면접 준비도 잘했을 것 같다. 안나에게 좋은 결과가 있었으면 좋겠다.

3. (3) A 쇼타는 왜 자리에 없을까요?
   B 자리에 없는 걸 보니까 카페에 간 모양이에요.

   (4) A 엘렌은 왜 자고 있을까요?
   B 자는 걸 보니까 많이 피곤한 모양이에요.

   (5) A 위칭은 왜 계속 기침을 할까요?
   B 기침을 하는 걸 보니까 감기에 걸린 모양이에요.

   (6) A 조슈아는 왜 빵을 먹고 있을까요?
   B 빵을 계속 먹는 걸 보니까 밥을 안 먹은 모양이에요.

듣고 쓰기

2. 유나 상우 씨, 이 사진 좀 볼래요? 어제 우리 집에 강아지 모카가 온 지 1년이 되는 날이었는데 축하 파티를 하면서 찍은 거예요.

상우 그래요? 와, 강아지가 정말 귀엽네요. 아버지께서 강아지를 안고 계신 걸 보니까 제일 예뻐하시는 모양이에요. 그런데 이 강아지는 몇 살이에요?

유나 두 살이에요. 참, 상우 씨도 강아지를 키우고 있죠?

상우 네. 강아지를 키운 지 3년쯤 됐어요. 전부터 정말 키우고 싶었는데 3년 전 제 생일에 부모님이 강아지를 데리고 오셨어요.

유나 우와, 정말 특별한 선물이네요. 그런데 강아지는 상우 씨를 잘 따라요?

상우 그럼요. 강아지가 가족 중에서 저를 제일 좋아해서 제가 집 문을 열면 미리 문 앞에 와 있어요. 그리고 항상 제 옆에만 앉아 있고요. 잘 때도 제 옆에 와서 자요.

유나 우리 강아지도 그래요. 다음에 만날 땐 강아지를 데리고 같이 산책하면 어때요?

상우 좋아요. 그렇게 해요.

(2) 1) 유나 아버지께서 강아지를 안고 계신 걸 보니까 강아지를 제일 예뻐하시는 모양이라고 했어요.
2) ①
3) 다음에 만날 때 강아지를 데리고 같이 산책하기로 했어요.

3. (2) (예시)

유나는 어제 강아지가 온 지 1년이 되는 날이라서 축하 파티를 했어요. 그리고 어제 찍은 사진을 상우에게 보여 줬는데 상우는 강아지가 정말 귀엽다고 했어요. 아버지께서 강아지를 안고 계신 모습을 보고 상우는 아버지가 강아지를 제일 예뻐하시는 모양이라고 했어요. 상우도 강아지를 키운 지 3년이 됐는데 3년 전 생일에 부모님이 강아지를 데리고 오셨어요. 강아지는 가족 중에서 상우를 제일 좋아해서 상우가 집 문을 열면 문 앞에 와 있어요. 그리고 항상 상우 옆에만 앉아 있고 잘 때도 상우 옆에서 자요. 두 사람은 다음에 만날 때 강아지를 데리고 같이 산책하기로 했어요.

읽고 말하기

2.

이날은 무슨 날이에요?	언니의 결혼식 날입니다.
어떤 장면을 찍었어요?	•언니가 친구들과 이야기하는 장면을 찍었습니다. •형부와 부모님이 손님을 맞이하는 장면을 찍었습니다. •사회자가 말하는 장면을 찍었습니다.
그 장면을 보고 무엇을 느꼈어요?	•언니가 행복해 보였습니다. •형부가 긴장한 모양입니다. •사회자가 말하는 걸 들을 수 없었지만 사회 볼 내용을 연습하는 모양입니다.

3 택시가 오토바이와 부딪혔어요

어휘와 표현 2

2. (1) A 어, 갑자기 방이 왜 어둡지? 어, 불이 안 들어와요.
B 그러게요. 텔레비전도 안 나오죠? 전기가 나간 것 같아요.

(2) A 위칭 씨, 옷이 왜 그래요? 커피 얼룩이 생겼어요.
B 앞을 제대로 안 보고 커피를 들고 가다가 다른 사람과 부딪혔어요. 그래서 안에 있던 커피를 쏟아서 옷이 이렇게 됐어요.

(3) A 진영 씨, 이게 무슨 소리예요?
B 밖에서 누가 돌을 던져서 창문에 맞은 것 같아요.

(4) A 마테오 씨, 옷걸이가 옆으로 넘어졌어요.
B 그래요? 제가 옷걸이에 옷을 너무 많이 걸어서 그런 것 같아요.

(5) A 조슈아 씨, 안 다쳤어요? 의자가 망가졌네요.
B 괜찮아요. 의자가 이렇게 돼서 더 이상 못 쓰겠네요.

(1) 꺼졌어요
(2) 쏟아져서
(3) 깨지는
(4) 쓰러졌어요
(5) 부서져서

문법 4

1. A 이 문은 어떻게 열어요? 제가 문을 열어야 돼요?
B 아니요. 그 문은 앞에 서 있으면 자동으로 열려요.

(2)

3. (1) A 다리가 왜 그래요?
B 강아지한테 다리를 물렸어요.

(2) A 이마는 왜 다쳤어요?
B 벽에 부딪혔어요.

(3) A 몇 월에 영화제가 시작돼요?
B 매년 10월에 열려요.

(4) A 지금 은행에 가면 왜 안 돼요?
B 4시라서 은행 문이 닫혔어요.

(5) A 경찰이 왜 저 사람을 잡았어요?
B 너무 빨리 달려서 잡혔어요.

(6) A 약속 시간이 다 됐는데 왜 안 가요?
B 약속 시간이 바뀌었어요.

읽고 쓰기

2.

장소를 묘사한 내용

- 벽에 풍선이 장식돼 있었고 '루이즈, 생일 축하해.'라는 글이 붙어 있었다.
- 꽃병에 장미꽃 여러 송이가 꽂혀 있었는데
- 그 옆에는 음식과 케이크가 놓여 있었는데

3. (1) ① (2) ③ (3) ②
(4) 수업 시간에 루이즈가 말한 걸 듣고 기억했어요.

10단원 | 음식과 생활

도입

1. 엘렌 마테오 씨, 라면을 맛있게 끓이는 방법 알아요?
마테오 물이 끓기 시작하면 라면을 넣고 센불에 끓여 보세요.

2. 조슈아 진영 씨, 비빔밥에 여기 이 참기름도 같이 넣어요?
진영 네. 먹기 전에 참기름을 넣으면 향도 좋고 맛도 더 좋아요.

3. 올리버 한국 사람들은 돼지고기를 보통 어떻게 해서 먹어요?
유나 돼지고기요? 구워 먹거나 삶아서 먹어요.

1. B 2. C 3. A

1 싱겁거든 소금을 좀 넣으세요

문법 1

1. A 진영 씨는 김치전을 만들 줄 알아요?
B 그럼요. 만들 줄 알아요. 엄마한테서 배웠어요.

(1)

3. 학생 A

[진차오] 질문하세요!

(1) 바둑을 두다	☑ 네	☐ 아니요
(2) 오토바이를 타다	☑ 네	☐ 아니요
(3) 과일을 예쁘게 깎다	☐ 네	☑ 아니요
(4) 종이로 비행기를 접다	☐ 네	☑ 아니요

(1) A 진차오 씨는 바둑을 둘 줄 알아요?
B 네. 바둑을 둘 줄 알아요.

(2) A 진차오 씨는 오토바이를 탈 줄 알아요?
B 네. 오토바이를 탈 줄 알아요.

(3) A 진차오 씨는 과일을 예쁘게 깎을 줄 알아요?
B 아니요. 과일을 예쁘게 깎을 줄 몰라요.

(4) A 진차오 씨는 종이로 비행기를 접을 줄 알아요?
B 아니요. 종이로 비행기를 접을 줄 몰라요.

학생 B

[조슈아] 질문하세요!

(5) 컴퓨터를 고치다	☐ 네	☑ 아니요
(6) 비누를 만들다	☑ 네	☐ 아니요
(7) 카드 게임을 하다	☐ 네	☑ 아니요
(8) 인터넷으로 돈을 보내다	☑ 네	☐ 아니요

(5) B 조슈아 씨는 컴퓨터를 고칠 줄 알아요?
A 아니요. 컴퓨터를 고칠 줄 몰라요.

(6) B 조슈아 씨는 비누를 만들 줄 알아요?
A 네. 비누를 만들 줄 알아요.

(7) B 조슈아 씨는 카드 게임을 할 줄 알아요?
A 아니요. 카드 게임을 할 줄 몰라요.

(8) B 조슈아 씨는 인터넷으로 돈을 보낼 줄 알아요?
A 네. 인터넷으로 돈을 보낼 줄 알아요.

(5) B 조슈아 씨는 컴퓨터를 고칠 줄 알아요?
A 아니요. 컴퓨터를 고칠 줄 몰라요.

(6) B 조슈아 씨는 비누를 만들 줄 알아요?
A 네. 비누를 만들 줄 알아요.

(7) B 조슈아 씨는 카드 게임을 할 줄 알아요?
A 아니요. 카드 게임을 할 줄 몰라요.

(8) B 조슈아 씨는 인터넷으로 돈을 보낼 줄 알아요?
A 네. 인터넷으로 돈을 보낼 줄 알아요.

문법 2

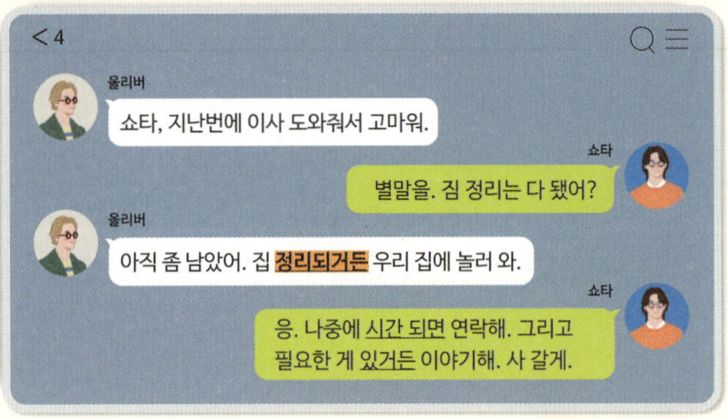

3. (1) A 약을 먹었는데 기침을 계속해요.
B 그래요? 기침을 계속하거든 병원에 한번 가 보세요.

(2) A 모기에 물려서 다리가 가려워요.
B 그래요? 다리가 가렵거든 이 약을 발라 보세요.

(3) A 일이 많아서 혼자 하기 힘들어요.
B 그래요? 혼자 하기 힘들거든 옆 사람에게 도와달라고 해 보세요.

(4) A 일찍 침대에 누웠는데 잠이 잘 안 와요.
B 그래요? 잠이 잘 안 오거든 자기 전에 따뜻한 우유를 마셔 보세요.

(5) A 멀리 여행 가고 싶은데 방학이 짧아요.
B 그래요? 방학이 짧거든 서울에서 가까운 곳으로 여행 가 보세요.

(6) A 학생 식당이 주말에도 문을 여는지 알고 싶어요.
B 그래요? 학생 식당이 주말에도 문을 여는지 알고 싶거든 학교 홈페이지에서 찾아보세요.

듣기

2.

사회자	여러분, 안녕하세요? 오늘 만들어 볼 음식은 오징어볶음이에요. 선생님, 안녕하세요?
요리사	안녕하세요? 오징어가 제철이라서 마트에 가면 오징어가 많죠? 싱싱한 오징어를 고르는 방법을 잠깐 알려 드릴게요. 오징어는 색이 약간 검은 거하고 약간 흰 게 있는데요. 어떤 게 싱싱한 걸까요?
사회자	글쎄요.
요리사	검은 게 싱싱한 거예요. 잡은 지 오래되면 색이 하얗게 변해요. 이제 고를 줄 아시겠죠?
사회자	네. 싱싱한 오징어도 골랐으니까 이제 재료 준비부터 해 볼까요?
요리사	그러죠. 오징어를 깨끗하게 씻어서 반으로 자르세요. 이때 오징어 껍질은 안 벗기셔도 돼요. 그리고 준비한 양파, 당근, 파는 같은 크기로 작게 써세요. 양념은 간장에 다진 마늘하고 고춧가루를 넣어서 만드는데 매운맛을 좋아하시거든 거기에 고추를 썰어서 넣으세요.
사회자	그렇군요. 재료는 다 준비된 거 같은데 그럼 오징어볶음을 만들어 볼까요?
요리사	프라이팬에 기름을 두르고 파를 넣어서 파 기름을 만드세요. 파 기름을 내면 맛이 더 좋아요. 그다음에 오징어를 넣고 볶은 다음 양념을 넣어서 섞어 주세요. 잘 섞은 후에 준비한 채소를 넣어서 센불에 한 번 더 볶아 주세요. 이때 물을 살짝 부어도 좋아요. 다 됐어요. 이제 오징어볶음을 할 줄 아시겠죠?

(1) ① (2) ①

(3)

- 오징어를 넣고 볶아요. (2)
- 채소를 센불에 볶아요. (4)
- 물을 프라이팬에 조금 부어요. (5)
- 오징어에 양념을 넣고 섞어요. (3)
- 파를 넣어서 파 기름을 만들어요. (1)

2 떡볶이는 매워도 맛있어요

문법 3

3. (1) A 매일 방을 청소해요?
B 네. 피곤해도 매일 청소해요.

(2) A 남자 친구하고 결혼할 거예요?
B 네. 부모님이 반대해도 결혼할 거예요.

(3) A 어제 친구가 약속에 오지 않았어요?
B 네. 30분 기다려도 오지 않았어요.

(4) A 카페에서 공부에 집중할 수 있어요?
B 네. 카페가 시끄러워도 집중할 수 있어요.

(5) A 안나한테 비밀 이야기를 안 했어요?
B 네. 저랑 가장 친한 친구여도 이야기를 안 했어요.

(6) A 그 집이 학교까지 한 시간 걸리는데 이사하고 싶어요?
B 네. 그 집이 멀어도 이사하고 싶어요.

듣고 쓰기

2.
루이즈 진차오, 주말에 친구들이랑 광장시장에 갔었는데 재미있었어. 너도 광장시장 가 봤어?
진차오 아니. 간 적은 없는데 인터넷에서 봤어. 전이나 만두, 칼국수가 유명해서 가는 사람들이 많은 거 같았어.
루이즈 시간이 있거든 한번 가 봐. 난 토요일에 시장도 구경하고 고기만두랑 칼국수도 먹었는데 정말 맛있었어.
진차오 그래? 그런데 만두는 가게마다 맛이 좀 다르지만 칼국수는 어디서 먹어도 맛이 거의 비슷하잖아.
루이즈 그렇지. 그런데 그 집은 국수를 직접 만들어서 다른 데랑 맛이 달랐어. 그리고 조개하고 새우가 많이 들어가서 국물도 다른 데보다 진해서 더 맛있었어.
진차오 진짜 맛있었겠다. 만두는 어땠어?
루이즈 만두가 크지는 않았는데 안에 고기가 꽉 차 있었어. 같이 간 친구들은 칼국수보다 만두가 더 맛있다고 했어. 꼭 한번 가 봐.
진차오 응. 네 말을 들으니까 나도 한번 가 보고 싶다.

(2) 1) 시장도 구경하고 고기만두랑 칼국수도 먹었어요.
2) 그 집은 칼국수의 국수를 직접 만들어서 다른 데랑 맛이 달랐어요. 그리고 조개하고 새우가 많이 들어가서 국물도 다른 데보다 진해서 맛있었어요. 만두는 크지 않았는데 안에 고기가 꽉 차 있어서 맛있었어요.
3) ②

3. (2) (예시)

루이즈는 진차오에게 토요일에 친구들과 같이 간 광장시장에 대해 이야기하고 있어요. 진차오는 그곳에 간 적은 없지만 인터넷에서 봐서 알고 있었어요. 루이즈는 광장시장에서 시장도 구경하고 고기만두와 칼국수도 먹었어요. 특히 칼국수가 맛있었는데 국수를 가게에서 직접 만들었고 조개와 새우를 많이 넣어서 국물도 진해서 맛있었어요. 만두는 크지 않았지만 속이 꽉 차 있어서 맛있었어요. 진차오는 칼국수 맛이 어디서 먹어도 거의 비슷하다고 생각했는데 루이즈의 이야기를 듣고 가 보고 싶었어요. 루이즈는 진차오에게 시간이 있거든 그곳에 가 보라고 했어요.

읽고 말하기

2.

음식 이름은 뭐예요?	떡볶이다.
그 음식과 관련해서 어떤 일이 있었어요?	한국에 처음 왔을 때 한국어를 할 줄 몰라서 스트레스를 받았었다. 그때 유나가 스트레스가 쌓였을 때는 매운 음식을 먹어야 한다고 하면서 떡볶이 집에 데리고 갔다. 거기서 매운맛 떡볶이 4단계를 먹었는데 먹고 나서 기분이 좋아지고 스트레스도 풀린 것 같았다.
언제 그 음식이 생각나요?	스트레스가 쌓였을 때 생각난다.

3 그 음식을 안 좋아하는 사람도 있기는 해요

어휘와 표현 2

2. (1) A 위칭 씨, 왜 삼겹살을 안 먹고 남겼어요?
B 기름이 너무 많아서 더 이상 못 먹겠어요.

(2) A 쇼타 씨, 닭고기 수프가 거의 다 된 거 같아요. 그런데 후추는 넣었어요?
B 아니요. 후추는 먹기 전에 넣어야 돼요. 그래야 맛있어요.

(3) A 다샤 씨, 이 케이크 너무 달지 않아요?
B 단데 너무 맛있어요. 그래서 자꾸 먹게 되네요.

(4) A 여기는 짜장면 소스가 따로 나오네요. 짜장면에 소스를 넣으면 되죠?
B 네. 올리버 씨, 국수하고 소스를 섞어서 드시면 돼요.

(5) A 이 잡채 정말 맛있다. 이 냄새는 참기름 냄새 맞지?
B 응. 참기름의 맛과 향 때문에 잡채가 더 맛있는 거 같아.

(1) 느끼해서
(2) 뿌려야
(3) 달콤해서
(4) 비벼
(5) 고소해서

문법 4

1. (1) A 올리버 씨, 어제 우리 반 모임에 갔어요? 재미있었어요?
B 가기는 했어요. 그런데 바쁜 일이 있어서 저는 일찍 일어났어요.

(2) A 엘렌 씨, 생일에 간 그 식당은 어땠어요? 괜찮았어요?
B 음식도 맛있고 서비스도 좋기는 했지만 가격이 다른 데보다 비쌌어요.

(1) ② (2) ②

3. (1) A 한국어 공부가 재미있죠?
B 네. 재미있기는 한데 한국어 말하기가 좀 어려워요.

(2) A 이 접시 디자인이 예쁘죠?
B 네. 예쁘기는 한데 무거워요.

(3) A 이 휴대 전화를 사고 싶죠?
B 네. 사고 싶기는 한데 돈이 모자라요.

(4) A 오늘 밖에 바람이 많이 불죠?
B 네. 바람이 불기는 하는데 춥지는 않아요.

(5) A 지금 사는 원룸이 깔끔하죠?
B 네. 깔끔하기는 한데 지하철역에서 멀어요.

(6) A 그 미용실은 머리를 잘 자르죠?
B 네. 머리를 잘 자르기는 하는데 손님이 많아서 기다려야 돼요.

읽고 쓰기

2.

사실	의견
• 한국에서는 소고기나 돼지고기를 구워 먹을 때 보통 상추나 깻잎에 싸서 먹는다. • 깻잎에 간장 양념을 뿌려 반찬으로도 만들어서 먹는다. • 매운탕을 만들 때도 깻잎을 다른 재료와 함께 넣어서 끓인다. • 사람들 중에는 깻잎의 독특한 맛과 향 때문에 별로 좋아하지 않는 사람도 있기는 하지만 대부분은 이렇게 다양한 방법으로 깻잎의 맛과 향을 즐긴다.	• 구운 김과 깻잎을 안 먹어 본 사람이라면 한번 먹어 보기 바란다. • 아마 한국 음식의 맛을 제대로 느낄 수 있을 것이다.

3. (1) ② (2) ① (3) ②
   (4) 맛과 향이 고소해서 다른 반찬이 없어도 밥을 맛있게 먹을 수 있어서 좋아하는 사람이 많아요.

11단원 | 문제 해결

도입

1. 조슈아 밖에 비가 오기 시작하는데 우산을 안 가져왔어요?
   위칭 아! 아침에 우산을 챙겼는데 교실에 두고 왔네요.
2. 쇼타 휴대 전화를 샀어요? 이번에 새로 나온 거죠?
   진영 네. 전에 사용하던 휴대 전화가 화면이 작아서 좀 불편했거든요. 그런데 이번에 나온 건 화면이 크니까 메시지나 영상이 잘 보여서 좋아요.
3. 엘렌 오늘 무슨 일이 생겼어요? 왜 학교에 늦었어요?
   올리버 세탁기가 고장 났어요. 출장 기사님이 오셔서 고칠 때까지 기다리느라고 늦었어요.

1. C 2. A 3. B

1 교실에 카드를 떨어뜨렸나 봐요

어휘와 표현 1

2. (1) A 올리버 씨, 요즘 왜 텀블러를 안 들고 다녀요?
   B 잃어버렸어요. 월요일에 회의할 때 커피를 마시고 회의실 탁자 위에 그냥 두고 왔는데 다시 가 보니까 없었어요.
   (2) A 유나야, 혹시 내 책 가져왔어?
   B 아차, 오늘 돌려주려고 했는데 안 가져왔네. 미안, 내일 꼭 가져올게.
   (3) A 여권을 아무리 찾아도 없어요.
   B 엘렌 씨, 여권이 없으면 큰일이잖아요. 빨리 경찰서에 가서 여권을 잃어버렸다고 하세요.
   (4) A 안나 씨, 열쇠를 찾았어요?
   B 아니요. 집 안 여기저기 찾아봐도 없어요. 도저히 못 찾겠어요.
   (5) A 진차오 씨, 학교 오기 전에 어디어디에 갔어요? 잘 생각해 보세요.
   B 서점도 가고 카페에도 들렀는데 지갑을 어디에서 잃어버렸는지 생각이 안 나요. 다시 생각해 볼게요.

(1) 올려놓고 나왔는데
(2) 깜박했어요.
(3) 분실 신고하러, 분실 신고하기 위해서
(4) 뒤져도, 뒤졌지만, 뒤졌는데
(5) 떠오르지

문법 1

1. A 조슈아 씨, 지갑을 어디에서 잃어버렸어요?
   B 가게에서 계산하고 바로 택시를 탔는데 지갑이 없었어요. 택시 타러 가다가 떨어뜨렸나 봐요.

(2)

3. (3) A 저 남자는 안색이 안 좋네요.
B 그러네요. 어디 아픈가 봐요.

(4) A 저 빵집은 불이 꺼져 있네요.
B 그러네요. 휴일인가 봐요.

(5) A 저 식당 앞에 사람들이 줄을 서 있네요.
B 그러네요. 음식이 맛있나 봐요.

(6) A 안나가 모자 가게에서 나오네요.
B 그러네요. 모자를 샀나 봐요.

문법 2

3.

학생 A

[요리] 질문하세요!

	확인	
(1) 계란을 삶다	☑ 네	☐ 아니요
(2) 감자를 찌다	☑ 네	☐ 아니요
(3) 찌개를 끓이다	☐ 네	☑ 아니요
(4) 밥을 짓다	☑ 네	☐ 아니요

(1) A 요리하느라고 힘들었지요? 계란은 삶았어요?
B 네. 계란을 삶아 놓았어요.

(2) A 요리하느라고 힘들었지요? 감자는 쪘어요?
B 네. 감자를 쪄 놓았어요.

(3) A 요리하느라고 힘들었지요? 찌개는 끓였어요?
B 아니요. 찌개를 끓여 놓지 못했어요.

(4) A 요리하느라고 힘들었지요? 밥은 지었어요?
B 네. 밥을 지어 놓았어요.

학생 B

[청소] 질문하세요!

	확인	
(5) 바닥을 닦다	☑ 네	☐ 아니요
(6) 청소기를 돌리다	☐ 네	☑ 아니요
(7) 책장에 책을 꽂다	☑ 네	☐ 아니요
(8) 빨래를 널다	☑ 네	☐ 아니요

(5) B 청소하느라고 힘들었지요? 바닥은 닦았어요?
A 네. 바닥을 닦아 놓았어요.

(6) B 청소하느라고 힘들었지요? 청소기는 돌렸어요?
A 아니요. 청소기를 돌려 놓지 못했어요.

(7) B 청소하느라고 힘들었지요? 책장에 책은 꽂았어요?
A 네. 책장에 책을 꽂아 놓았어요.

(8) B 청소하느라고 힘들었지요? 빨래는 널었어요?
A 네. 빨래를 널어 놓았어요.

듣기

2. 다샤 우리 다 먹었으니까 일어날까요? 어! 카드가 어디 있지? 위칭 씨, 저 카드를 잃어버렸나 봐요.
위칭 정말요? 다시 잘 찾아보세요. 일단 지금 먹은 건 제가 계산할게요.
다샤 고마워요. 그런데 가방 안에 카드가 있어야 하는데 없네요.
위칭 아까 학교에서는 카드가 있었어요?
다샤 네. 있었어요. 쉬는 시간에 편의점에서 카드로 우유를 사고 와서 카드를 가방 안에 잘 넣어 놓은 것 같았는데…….
위칭 그 뒤에는 카드를 꺼내지 않았어요? 잘 생각해 보세요.
다샤 아! 수업이 끝나고 책이랑 볼펜을 넣을 때 가방을 한번 정리하려고 가방 안에 있던 것들을 모두 다 꺼냈었는데 그때 없어졌나 봐요.

2. 위칭 그럼 먼저 필통 안이나 공책 사이에 카드가 있는지 다시 확인해 보세요. 바로 교실에도 가 보고요. 그래도 없으면 빨리 카드 회사에 전화해서 분실 신고를 하고 카드를 정지시키는 게 좋겠어요.

(1) ② (2) ③ (3) ②

2 사용 안 하는 기능을 꺼야 배터리를 오래 써요

문법 3

1. (1) A 마라톤 대회에 참가하고 싶은데 현장에서 등록할 수 있어요?
B 미리 신청해야 참가할 수 있기 때문에 현장에서는 등록할 수 없어요.

(2) A 이 패키지여행 상품을 예약하고 싶은데요.
B 네. 알겠습니다. 그런데 이 상품은 예약자가 10명 이상 모여야 출발할 수 있는 거예요. 참고해 주세요.

(1) ① (2) ①

3. (1) A 요즘 어떤 노트북이 잘 팔려요?
B 온라인으로 회의를 많이 하니까 카메라 기능이 좋아야 잘 팔려요.

(2) A 요즘 어떤 노트북이 잘 팔려요?
B 노트북을 가지고 다니니까 가벼워야 잘 팔려요.

(3) A 요즘 어떤 노트북이 잘 팔려요?
B 떨어뜨리면 화면이 깨지기 쉬우니까 튼튼해야 잘 팔려요.

(4) A 요즘 어떤 노트북이 잘 팔려요?
B 게임도 하니까 저장 공간이 커야 잘 팔려요.

(5) A 요즘 어떤 노트북이 잘 팔려요?
B 영화도 보니까 화면이 크고 넓어야 잘 팔려요.

(6) A 요즘 어떤 노트북이 잘 팔려요?
B 가격이 비싸니까 할인을 많이 해야 잘 팔려요.

듣고 쓰기

2. 진영 루이즈, 어제 우리가 찍은 사진 좀 보내 줘.
루이즈 그래, 진영아. 어……. 내 휴대 전화 배터리가 없네. 요즘 배터리가 너무 빨리 닳아.
진영 아직 오전인데 벌써 배터리가 닳았어? 이리 줘 봐. (본 후에) 그러네. 휴대 전화가 거의 꺼지려고 해.
루이즈 아침에 분명히 100%로 충전했는데 학교에 올 때 음악도 듣고 사진도 찍어서 배터리가 닳은 거 같아. 그리고 아까 쉬는 시간에 메시지도 보냈고 모르는 단어도 검색했어.
진영 그래? 지금 보니까 사용하지 않는 기능들을 다 켜 놓았네. 사용하지 않는 기능은 꺼야 배터리를 오래 쓸 수 있어. 앞으로 안 쓰는 건 바로바로 꺼 놔. 그런데 혹시 휴대 전화를 산 지 오래됐어?
루이즈 아니. 한국에 온 뒤에 샀으니까 사용한 지 1년도 안 됐어.
진영 그럼 배터리만 새걸로 바꿀 수도 있으니까 서비스 센터에 한번 물어봐.
루이즈 그게 좋겠다. 지금 바로 서비스 센터에 전화해 볼게.

(2) 1) 학교에 올 때 음악도 듣고 사진도 찍었어요. 그리고 쉬는 시간에 메시지도 보냈고 모르는 단어도 검색했어요.
2) 사용하지 않는 기능은 꺼야 배터리를 오래 쓸 수 있어요.
3) ②

3. (2) (예시)

루이즈가 진영에게 어제 찍은 사진을 보내려고 했는데 휴대 전화 배터리가 없어요. 루이즈가 아침에 100%로 충전했는데 음악도 듣고 사진도 찍고 메시지도 보내고 모르는 단어도 검색해서 배터리가 닳았어요. 진영이 보니까 사용하지 않는 기능을 다 켜 놓았어요. 사용하지 않는 기능을 꺼야 배터리를 오래 쓸 수 있어요. 진영은 루이즈에게 안 쓰는 기능을 바로바로 꺼 놓으라고 했어요. 그리고 루이즈의 휴대 전화는 사용한 지 1년이 안 됐는데 그러면 배터리만 새걸로 바꿀 수 있으니까 서비스 센터에 전화해서 물어보기로 했어요.

읽고 말하기

2. 제품 이름: EW50(휴대 전화)

	개선된 것	사용자가 느끼는 장점
배터리	배터리를 100%로 충전해 놓으면 동시에 여러 기능을 쓰는 사람도 24시간 이상 휴대 전화를 쓸 수 있다.	수시로 메시지를 보내거나 노래를 들어도 배터리 걱정 없이 오래 휴대 전화를 사용할 수 있다.
카메라	사진 전문가들이 사용하는 기능이 추가돼서 그 기능을 선택하면 손쉽게 멋진 사진을 찍을 수 있다.	사진을 많이 찍어 보지 않은 사람들도 전문가처럼 사진을 찍을 수 있다.

3 먼지가 쌓이면 또 고장 날 테니까 자주 청소하세요

문법 4

1. 진차오에게

요즘 대학교 입학 준비도 하고 기말시험 공부도 해야 돼서 너무 바쁘지? 여러 가지를 같이 준비하느라 많이 힘들 텐데 지칠 때마다 나한테 연락해. 내가 맛있는 거 사 줄게. 그리고 생활하면서 혼자 하기 어려운 일도 **많을 테니까** 필요하면 언제든지 말해. 너는 이번에 꼭 대학교에 합격할 거니까 너무 걱정하지 말고 힘내.

마테오가

3. (1) A 오후 2시인데 아직 점심을 못 먹었어요.
B 그래요? 배고플 테니까 이 빵 좀 드세요.

(2) A 독감에 걸렸어요.
B 그래요? 약을 먹지 않으면 안 나을 테니까 병원에서 약을 처방받으세요.

(3) A 세 시간 동안 등산했어요.
B 그래요? 다리가 아플 테니까 다리 마사지를 하세요.

(4) A 우리 반 모임 장소를 몰라요.
B 그래요? 안나가 장소를 알 테니까 안나와 같이 오세요.

(5) A 사업을 새로 시작하려고 해요
B 그래요? 해야 할 일이 많을 테니까 계획을 잘 세우세요.

(6) A 다음 주에 한국어 시험이 있어요.
B 그래요? 시험 준비하느라 바쁠 테니까 시험 끝난 뒤에 만나요.

읽고 쓰기

3. (1) ③ (2) ③ (3) ②
(4) 쇼타가 더위를 많이 타기 때문이에요.

12단원 | 나의 진로

도입

1. 상우 다샤 씨는 한국어 공부가 끝나면 뭘 하고 싶어요?
다샤 고민 중이에요. 예전엔 대학원에 가고 싶었는데 요즘은 한국 회사에서 일해 보고 싶은 생각도 들어요.

2. 쇼타 위칭, 그거 무슨 책이야?
위칭 유명한 축구 선수에 대한 책이야. 기초부터 성실하게 쌓아야 한다는 내용인데 나도 그렇게 해서 이 사람처럼 성공했으면 좋겠어.

3. 진영 마테오 씨는 한국에 온 특별한 이유가 있어요?
마테오 네. 한국에 오기 전부터 서울에 멕시코 식당을 여는 게 꿈이었어요. 내년에 식당을 열어 볼까 해요.

1. B 2. C 3. A

1 귀국하려다가 한국에 남기로 했어요

문법 1

1. 나는 대학교에 입학하러 한국에 왔는데 작년에는 한국어 성적이 없어서 지원할 수 없었다. 시험을 보는 날 아파서 시험을 못 봤기 때문이다. 올해는 대학교에 꼭 입학하려고 한다. 건강 관리를 잘해서 꼭 한국어 시험을 봐야겠다. 그리고 꼭 **붙어야겠다**. 다른 서류도 잘 준비해서 대학교에 꼭 들어갈 것이다.

3. (1) A 휴대 전화가 또 고장 났어요?
B 네. 자주 고장이 나서 새것으로 하나 사야겠어요.

(2) A 윗집이 계속 시끄러워요?
B 네. 너무 시끄러워서 이사를 가야겠어요.

(3) A 버스하고 지하철이 모두 끊겼어요?
B 네. 버스하고 지하철이 모두 끊겨서 집까지 걸어야겠어요.

(4) A 매일 새벽까지 게임을 하니까 피곤하죠?
B 네. 너무 피곤해서 오늘부터 게임을 하지 않아야겠어요./안 해야겠어요.

(5) A 중간시험에서 듣기 성적이 안 좋았어요?
B 네. 듣기 성적이 안 좋아서 듣기 공부를 해야겠어요.

(6) A 아침을 굶고 나서 건강이 안 좋아졌어요?
B 네. 건강이 안 좋아져서 아침을 꼭 먹어야겠어요.

문법 2

1. A 상우 씨, 취업 준비는 잘되고 있어요?
B 저 대학원에 들어갔어요. 취업하려다가 공부를 더 하고 싶어서 대학원에 진학하게 됐어요.

(2)

듣기

2. 올리버 이번 학기도 얼마 안 남았네요. 다샤 씨는 러시아에 돌아간다고 했죠?
다샤 네. 그런데 귀국하려다가 한국에 남기로 했어요. 한국에서 일자리를 구해 보려고요.
올리버 그래요? 어떤 일을 할 생각이에요?
다샤 러시아에서 방송학을 공부했거든요. 전공을 살려서 방송사에 취직하고 싶은데 그 일이 적성에 맞을지 몰라서 좀 고민이 돼요.
올리버 그럼 먼저 인턴을 해 보는 게 어때요? 제가 며칠 전에 인터넷에서 봤는데 외국인 인턴을 모집하는 회사가 있었어요.
다샤 아, 그래요? 어디서 봤는데요?
올리버 구직 사이트에서 봤는데 지금 제가 휴대 전화로 찾아서 보여 줄게요. 잠깐만요. (잠시 후) 이거예요. 여기 나와 있는 이메일로 이력서하고 자기소개서를 제출해 보세요. 이 사이트에 이력서하고 자기소개서를 올려놓으면 방송사에서 연락이 올 수도 있어요.
다샤 그렇군요. 그럼 먼저 이력서와 자기소개서를 작성해야겠네요. 올리버 씨, 혹시 지금 시간 되면 이 구직 사이트 이용 방법을 설명해 줄 수 있어요?
올리버 그래요. 다샤 씨, 지금 노트북 있죠? 노트북을 한번 켜 볼래요?

(1) ③ (2) ③ (3) ②

2 노력하는 만큼 좋은 결과가 있을 거예요

문법 3

1. (1) A 마테오 씨, 이번 시험 성적은 잘 나왔어요?
B 아니요. 공부를 많이 했는데 공부한 만큼 성적이 안 나와서 속상해요.

(2) A 우리 회사에서 일하게 되면 지원자는 연봉을 얼마나 받고 싶습니까?

B 제 경력이 3년 정도니까 이 회사 경력 직원이 받는 만큼 받았으면 합니다.

(1) ① (2) ②

3. (1) A 요리를 얼마나 잘해요?
B 요리사만큼 잘해요. / 남들이 하는 만큼 잘해요. / 못 하는 음식이 없을 만큼 잘해요.

(2) A 돈을 얼마나 벌어요?
B 작은 회사 사장만큼 벌어요. / 다른 사람들이 버는 만큼 벌어요. / 생활비를 걱정하지 않을 만큼 벌어요.

(3) A 노래를 얼마나 잘 불러요?
B 가수만큼 잘 불러요. / 우리 반에서 손에 꼽을 만큼 잘 불러요. / 듣는 사람이 모두 놀랄 만큼 잘 불러요.

(4) A 그 사람을 얼마나 사랑해요?
B 하늘만큼 사랑해요. / 죽을 만큼 사랑해요. / 그 사람이 나를 사랑하는 만큼 사랑해요.

(5) A 그 드라마를 얼마나 좋아해요?
B 제일 좋아하는 영화만큼 좋아해요. / 방송할 때마다 꼭 볼 만큼 좋아해요. / 드라마 대사를 다 외울 만큼 좋아해요.

(6) A 지금 살고 있는 방은 얼마나 넓어요?
B 교실만큼 넓어요. / 1인실을 두 개 합친 만큼 넓어요. / 방에서 축구를 해도 될 만큼 넓어요.

듣고 쓰기

2. 안나 위칭 씨, 올가 선배 소식 들었어요? 선배가 지난주에 한국문학번역상을 받았대요.
위칭 네. 저도 들었어요. 선배가 번역한 책이 러시아에서 제일 잘 팔린다고 하는데 올가 선배 정말 대단해요.
안나 선배는 학교 다닐 때도 대단했어요. 번역가가 되겠다는 꿈을 가지고 한국에 와서 여러 한국어 말하기 대회에서 상도 받았잖아요. 그렇게 노력해서 대학원 진학 기회도 얻었고요.
위칭 네. 맞아요. 진학 후에는 한국어로 전공 수업을 듣느라고 힘들어했지만 남들이 하는 만큼 공부하면 따라갈 수 없다고 열심히 공부했잖아요.
안나 사실 저는 2급까지만 공부하고 귀국하려다가 그 선배 때문에 마음을 바꿨어요. 선배 모습을 보면서 저도 영상 번역가라는 꿈을 갖게 됐거든요. 그래서 6급까지 공부하기로 마음을 먹게 됐어요.
위칭 그랬군요. 안나 씨가 그 꿈을 꾸게 된 게 올가 선배의 영향이었군요.
안나 네. 이렇게 최선을 다해 살면 노력하는 만큼 좋은 결과가 있겠죠?
위칭 그럼요. 안나 씨도 꿈을 꼭 이룰 수 있을 거예요.

(2) 1) 한국문학번역상을 받았어요.
2) ③
3) 최선을 다해 살면 노력하는 만큼 좋은 결과가 있을 거라고 생각해요.

3. (2) (예시)

안나와 위칭은 올가 선배의 소식을 들었어요. <u>올가 선배가 지난주에 한국문학번역상을 받았고 선배가 번역한 책이 러시아에서 제일 잘 팔린다는 소식이에요. 올가 선배는 번역가가 되겠다는 꿈을 가지고 한국에 와서 여러 말하기 대회에서 상도 받고 대학원에서도 열심히 공부했어요. 그런 올가 선배의 모습을 보면서 안나도 영상 번역가라는 꿈을 갖게 됐어요. 그래서 안나는 2급까지만 공부하고 귀국하려다가 6급까지 공부하기로 마음을 먹었어요. 안나는 최선을 다해 살면 노력하는 만큼 좋은 결과가 있을 거라고 생각해요. 위칭은 그런 안나에게 꿈을 꼭 이룰 수 있을 거라고 말했어요.</u>

읽고 말하기

2.

닮고 싶은 사람은 누구예요?	작가이면서 교수인 이화여자대학교 사회복지학과 이지선 교수다.
그 사람에게 어떤 일이 있었어요? 그 사람은 왜 존경을 받아요?	대학교 4학년 때 교통사고로 온몸에 화상을 입어서 마흔 번이 넘는 수술을 받았다. 모습도, 삶도 완전히 달라졌지만 이 교수는 절망하지 않았다. 그리고 사회복지학과 교수가 돼서 학생들을 가르치면서 어려운 사람들을 돕고 있다.
어떤 점을 닮고 싶어요?	절망 속에서도 희망을 찾는 긍정적인 마음과 작은 것에도 감사하는 마음을 닮고 싶다.

3 부모님 가게를 제가 맡아서 운영해 가려고요

어휘와 표현 2

2. (1) A 유나 씨 언니는 무슨 일을 해요?
B 언니는 작은 빵집을 하고 있어요. 그런데 빵집이 유명해져서 내년에는 가게도 넓히고 온라인 빵집도 열 계획이래요.

(2) A 쇼타 씨, 일본에는 오래된 가게들이 많다고 들었는데 정말이에요?
B 네. 그 집안의 사업을 아들이나 딸이 계속 경영하는 경우가 많아요.

(3) A 진영 씨, 유명한 사람 중에서 늦은 나이에 꿈을 이룬 사람이 있어요?
B 네. 한국에 박완서라는 소설가가 있어요. 그분은 마흔 살에 처음 소설을 쓰기 시작했어요. 그 후 훌륭한 작품을 많이 써서 한국의 대표적인 소설가가 됐어요.

(4) A 어제 올림픽 태권도 경기에서 김민우 선수가 금메달 따는 거 봤어요?
B 네. 봤어요. 세 번째 도전이라고 들었는데 마침내 세계 1등이 되었네요.

(5) A 어제 이화전자에서 새 휴대 전화가 나왔다는 뉴스 들었어요? 새 휴대 전화로 자신의 건강 상태를 확인해서 아픈 곳을 찾을 수 있대요.
B 네. 저도 들었어요. 지금까지 없던 새로운 기능이라서 궁금하고 기대가 돼요.

(1) 사업을 확장할
(2) 부모님의 가게를 이어서 하는
(3) 작가로 성공했어요
(4) 최고의 자리에 올랐어요
(5) 새로운 기술을 개발했어요

문법 4

3. (1) A 꿈이 뭐예요? 앞으로 어떤 일을 하고 싶어요?
B 저는 경찰관이 돼서 범죄가 없는 세상을 만들어 가고 싶어요.

(2) A 꿈이 뭐예요? 앞으로 어떤 일을 하고 싶어요?
B 저는 사업가가 돼서 세계적인 기업으로 사업을 확장해 가고 싶어요.

(3) A 꿈이 뭐예요? 앞으로 어떤 일을 하고 싶어요?
B 저는 정치가가 돼서 제 고향을 살기 좋은 곳으로 바꿔 가고 싶어요.

(4) A 꿈이 뭐예요? 앞으로 어떤 일을 하고 싶어요?
B 저는 환경운동가가 돼서 산과 바다를 아름답게 가꿔 가고 싶어요.

(5) A 꿈이 뭐예요? 앞으로 어떤 일을 하고 싶어요?
B 저는 소아과 의사가 돼서 아픈 아이들을 치료하면서 살아가고 싶어요.

(6) A 꿈이 뭐예요? 앞으로 어떤 일을 하고 싶어요?
B 저는 초등학교 선생님이 돼서 교육자이신 부모님의 뜻을 이어 가고 싶어요.

읽고 쓰기

2.

어휘	추측한 의미	사전에서의 의미
① 꿈을 품다	꿈을 가지다	꿈을 마음속에 가지다
② 형편이 어렵다	경제적인 여유가 없다	가난해서 살아가기가 고생스럽다
③ 고민을 나누다	어려운 일도 함께 이야기하다	고민을 함께하다

3. (1) ② (2) ② (3) ③
(4) 고민을 나누는 공간, 서로의 꿈을 응원하는 공간으로 만들고 싶다.

찾아보기

집 필 진

수석 책임 연구원

김현진 이화여자대학교 언어교육원 특임교수
이화여자대학교 독어독문학과 박사

책임 연구원

배재원 이화여자대학교 언어교육원 특임교수
이화여자대학교 한국학과 박사

이민경 이화여자대학교 언어교육원 특임교수
이화여자대학교 한국학과 박사

공동 연구원

윤여옥 이화여자대학교 언어교육원 책임강사
이화여자대학교 한국학과 석사

전우주 이화여자대학교 언어교육원 책임강사
이화여자대학교 한국학과 박사 수료

최형연 이화여자대학교 언어교육원 책임강사
이화여자대학교 한국학과 석사

주현하 이화여자대학교 언어교육원 책임강사
이화여자대학교 한국학과 박사